アルトゥーア=
ショーペンハウアー

ショーペンハウアー

●人と思想

遠山 義孝 著

77

CenturyBooks 清水書院

Für Helga

はじめに――ショーペンハウアーと私

デカンショ節とショーペンハウアー　私が初めてショーペンハウアーの名前を聞いたのは、もう三〇年近くも前のことである。彼の学説がどうのというようなレベルの話ではなく、高校に入って最初のコンパで、先輩たちの歌う「デカンショ節」を聞いたというだけである。デカンショとはデカルト、カント、ショーペンハウアーの頭文字をつなげたものというのが、彼らの解説であった。のちになって、もと歌は兵庫篠山地方の盆踊り歌で、哲学者の名前はこじつけとわかったのであるが、それでも当時はなるほどと感心したものである。

デカンショ、デカンショで半年暮らす、よいよい／あとの半年や、寝て暮らす、／よーい、よーい、デッカンショ！／

昔の学生はそんなにも勉強したんだ、と言われるとなおさら感心した。それ以後この歌はコンパや文化祭などの機会のあるごとにみんなで蛮声をはりあげて歌ったものである。

明治末以来学生のあいだで歌いつがれてきたこの「デカンショ節」も、最近はとんと耳にしなくなった。今の大学生や高校生はもはやこの歌を知らないらしい。いったいいつごろから歌われなくなったのであろうか。多分、哲学に対する世間一般の関心のうすれと軌《き》を一にしているのであろう。

ところで、私の入学した信州の田舎の高校の校長は、たまたま哲学者であった。彼は朝礼や式のおりなどに、さかんに哲学の話をし、一貫して「人間形成」ということを唱えた。話はむつかしくてよくわからなかったことのほうが多かったが、それでも「物」に対して「心」、「見える世界」に対して「見えない世界」のあるらしいことはわかった。

校長の話の中には、哲学者の名前がよくでてきたが、とくにバートランド＝ラッセルの名前はしょっちゅう聞いた。ラッセルに心酔していたらしい。われわれ生徒たちは、ラッセル、ラッセルと呪文のごとく唱えたものである。その他、ヤスパース、西田幾多郎などの名前もあった。校長の影響でか、学校全体に哲学的雰囲気があって、他の先生の授業でもときおり哲学者の名があがった。ショーペンハウアーは旧制高校出の英語の先生が話してくれた。

たしか高校時代にショーペンハウアーを習ったこと、彼のドイツ文は名文であることなどを語ったと思う。そして彼の主著だと言って、おもむろに黒板に『意志と表象としての世界』と大きく書いた。このときの光景はなぜか今でも私の脳裏にはっきりと焼きついている。まあこれはむつかしいから、ショーペンハウアーのものなら、ひとまず『女について』を読んだらよかろうとも言った。だが私がそれを読んだのはずっと後になって、大学生になってからのことである。

われわれの高校は、旧制中学の名残《なごり》があって、女子生徒は各クラスに数名しかおらず、ほとんど男子生徒でしめられていた。彼女たちは貴重な存在で、われわれは「メッチェン」（ドイツ語のメーチェン〈女の子〉のつもり）とよんで、彼女らを集合名詞的にとらえていたが、個々に話す機会は滅多になかった。その頃はまだ今のように男女生徒がうちとけあうということがなかったのである。しかし思春期の身であったから、女性にはあこがれを抱いていた。

そして洋画に登場する銀幕の女優たちがそのあこがれの対象になっていった。当時はジーナ＝ロロブリジダ、エリザベス＝テーラー、オードリー＝ヘプバーン、ソフィア＝ローレンらの全盛期であった。映画を見るたびに、どうしてこんなに美しい女がいるのだろうかとため息がでた。そんなおり、前述の英語の先生が、「あんなシャン（ドイツ語のシェーン〈美しい〉のつもり）は滅多にいるもんじゃないよ。いても一万人か、二万人に一人位ってところかな」といって、われわれの浮かれ気分に水をさした。その頃は、外国との行き来が自由でなかったこともあって、映画という窓を通して見ていただけだから、外国の女はみんなあのようにシャンなのだろうと私など自分で勝手に思いこんでいたのである。

今考えてみると、この教師の一言がのちのドイツ留学の一つの契機に、つまり数ある理由のうちの一つになったように思う。いつの日か自分の目で確かめてやろうと無意識に誓っていた。実際にヨーロッパやアメリカで生活するようになって、私の希望的観測が錯覚であり、幻想であったことがよくわかった。絶世の美女などそうやたらにはいないのである。当たり前のことではあるが、まさに英語の先生が言った通りであった。

ショーペンハウアーの現実直視の精神を、私はこのようなことからも学んだのであった。現実を、くもりのない目で見つめることをショーペンハウアーは重視した。自分の目で実際に見たり、耳で聞いたりしたことをもとに判断するという姿勢である。

六〇年安保とショーペンハウアー

こうして私は高校時代のデカンショ節の知識だけで、大学は哲学科に入った。昭和三三年のことである。

マルクシズム、実存主義哲学、プラグマティズム、分析哲学などが、当時流行の主たる思想的潮流とされていたのであるが、私はなんにも知らなかった。まさにタブラ-ラサ(白紙)の状態であった。おそらく私ほど哲学について無知の新入生はいなかったのではなかろうか。寮の同室の先輩に「共産党にも大学出がいるんですね——」などと言って失笑を買ったこともあった。田舎出の少年の頭には、共産党は貧しい労働者の党というイメージが強く、幹部に東大出が名を連ねているなど、まったく新しい発見であった。

ドイツに「教養小説」というジャンルがあるが、私はどことなくその主人公に似ていたようである。多くの場合、教養小説では、純朴な、なんにも知らない田舎の若者が、世間の荒波にもまれながら、自己の人格を形成、発展させていく姿が描かれるのである。

さて大学の四年間であるが、私は文字どおり、ぼろ服・ぼろ靴の苦学生であった。もともと、家が貧しくて大学に行ける身分ではなく、それを親に無理を言って出してもらったので、大学で勉強できるだけでうれしく、学費と生活費を稼ぐためのどんな難行も苦にはならなかった。またこの時期は戦後の学生運動の高揚期にあたり、しぜんマルクシズムの洗礼も受け、社会や政治に対する目を開かれていった。

最初の年に勤評があり、それから警職法、安保と続いたのであるが、その六〇年安保の年には、私は数百名の寮生を有した東京教育大学桐花寮の全寮委員長として、寝食を忘れてこの闘争に取り組んだ。私のもとでこのとき副委員長をしていたS君は、のちになって自ら命を絶った。これは衝撃的な出来事で、私に生に忍びこんだ死の姿を深く考えさせる契機となる。

「六〇年安保闘争」、それは国民のあらゆる階層をまきこみ、空前の規模で展開された戦後最大の政治ドラマであった。しかし国会議事堂への連日のデモの明け暮れの中でも、私はときどき不安にかられることがあった。それは米ソ両超大国の間にはさまれた日本の行く末や、世界の平和に思いをいたすとき漠然と生じるのであった。今にして思えば、六〇年安保はわが青春の原点であり、それはまた新しい転機の始まりであったといってもいい。

安保闘争が結局は敗北に終わり、挫折感にとらわれていた頃、私は高校以来忘れかけていたショーペンハウアーに再び出会ったのである。しばらくぶりに出かけた神田の古本屋街で偶然にもショーペンハウアーのパンフレットを手にした。それはブロックハウス社の発行したものでショーペンハウアー死後百年の記念諸行事を伝えたものであった。一九六〇年は安保の年であるとともにショーペンハウアーの年でもあったのである。

意志的世界観と共苦の倫理学

マルクス主義の哲学が科学的で、あまりにも明快なのになんとなく物足りなさを覚えはじめていた私は、これをきっかけにショーペンハウアーを読み始めた。その頃、下村寅太郎教授の演習でヤスパースの『哲学的信仰』が取り上げられていた。教授はこの演習の中で、ニーチェにも触れ、彼の『反時代的考察』をレポートに課したのであるが、私はその中から迷わずに「教育者としてのショーペンハウアー」を選んだ。そしてショーペンハウアーが実に人間くさい哲学者であることを知り、だんだんとその鋭い人生知への洞察に惹かれるようになるのである。

結局卒業論文には、マルクス主義の哲学ではなく、ショーペンハウアーを選ぶことになった。ところがショーペンハウアーの本は、数冊の文庫本以外出ていない。当時、ショーペンハウアーの哲学は、日本ではすでに克服された過去の哲学とみなされていたのである。勿論主著の原書はあったが、私のドイツ語力では読み通すのはとてもむりであった。

そこで古本屋めぐりをして、やっとのことで姉崎正治訳『意志と現識としての世界』をさがしあてた。そのときの喜びは今も忘れられない。古色蒼然《こしょくそうぜん》とした青色表紙の分厚い三巻本で、店の奥の片隅に積まれてあった。明治四三年の発行で、「まえがき」にショーペンハウアー没後五〇年を記念しての翻訳刊行とあった。没後百年に、このような本が見つかったのはなんとも不思議な因縁である。

内容については思想編で触れるが、一読彼の哲学の骨格は若者の直観で成り立っていることが感じとれた。それに原始仏教を始めとする東洋の思想との出会いもあって、親しみがわいた。ショーペンハウアーの哲学は、また一方に非常に明快な論理性をもちながら、他方では意外なほどの自己矛盾とか飛躍というような非論理的性格を示している。こういう点も面白く、それに彼の「人生は青年期で決まる」という主張にも魅いられた。

だがなんと言っても私の心を捉えたのは彼の倫理学である。それは共苦（同情）の原理に基礎をおき、他人の痛みを自分の痛みとして捉える人間らしい素朴な感情を要請する倫理学である。

差別とかいじめは、科学的合理論の枠内では起こりうるが、ショーペンハウアーの、すべてのものは根源においてひとつであるとする意志的世界観からは生まれない。自分一人だけで生きているのではない。生かされてあるという連帯意識が助け合いの精神をつちかっていくのであろう。

ショーペンハウアーと平和哲学の可能性

私は大学卒業後二年間、高校の教師をしたが、どうしてもドイツに行って勉強したいという気持ちがつのった。やみくもに行きたいと思ったから、ショーペンハウアーの「盲目的意志」が乗り移ったのかもしれない。幸いなことに、桐花寮時代に起居を共にした友人たちが、私の希望を実現させるべく「遠山君渡独後援会」なるものをつくってくれた。教育大になってから、先生以外ではまだドイツに留学した者がいないということで、皆が応援してくれたのである。全国に散らばっている同級生や同窓生たち、それに先生方までもが拠金をしてくれ、お陰でドイツ行きが可能になった。昭和三九年の早春のことである。約半年間の生活資金だけがたよりで、帰るあてのない片道切符の旅であった。だから、その無謀さを危ぶむ者もいた。だが私はひるまず、必ず生きのびてみせると心に誓って出発したのである。まさに一大冒険であった。人にはそれぞれの生き方がある。ショーペンハウアーの言うように、三〇代までの行為によって、その後の人生が決まるなら、それに賭けてみよう。これがそのときの気持ちであった。時に二四歳。こうして結果的には八年間におよぶドイツ留学生活が始まった。

ドイツでは、最初のうちはショーペンハウアーの勉強もしたのであるが、やはりカントを知らないことには、らちがあかないことがわかり、もっぱらカント研究に専心した。ショーペンハウアー研究は文学との関わりにおいて細々と続けた。カントの哲学は一見難解であるが、合理的、論理的に構築されているため、こつこつ努力して勉強すればわかるという一面をもっている。ところがショーペンハウアーの哲学は天才の直観によって構築されたため、論理を越えた面をもっており、むしろわかりにくい。そこに若者の哲学といわれる理由がある。知識がなくても感覚で入りこめるところがあるからである。

正直言ってカントの哲学の方が、ショーペンハウアーの哲学より深いと思う。だが現代という視点に立った場合、ショーペンハウアーの哲学も決してなおざりにはできない。ショーペンハウアーの批判精神は、一九世紀の半ばにあってすでに人間疎外とか、環境破壊とか、飢餓の問題を予測し、われわれが今日感じ始めてきた不安を、その根本のところでしっかりと捉えているからである。

われわれは核時代という、カントもショーペンハウアーも体験したことのない時代に生きている。それは人類の存亡が問われている時代でもある。原爆の出現はそれまでの価値基準を変え、必然的に「世界平和の樹立」を倫理的行為の第一義的目標におしあげた。すべての行為は究極において、世界平和樹立の観点からなされねばならない。これは真理である。しかしただお題目を唱えているだけでは、平和はやってこない。理論だけではわりきれない政治の領域が前面に陣どっているからである。

私はドイツで暮らしてみて、現実政治の厳しさをつくづく思い知らされた。『永遠平和のために』を書いたカントの生地ケーニヒスベルクは、現ロシアのカリーニングラードである。またショーペンハウアーの生地ダンツィヒは現在はポーランドのグダニスクである。このようなことは日本ではとても考えられないであろう。

われわれは世界平和樹立のために、一方では政治の流れに注目しながら、他方では自分の道徳意識の高揚につとめることがのぞましい。

六〇年安保の時から、私自身としては遅々とした歩みながら、平和の問題を考えつづけてきた。そして今ここにショーペンハウアー哲学を平和の哲学として捉える新しい解釈を試みるつもりである。現在の地球上には数万発の核弾頭があるといわれている。このような核兵器の膨大な貯蔵量のもとでは、旧来のイデオロギー争いはだんだんと無意味なものとなろう。もはや共産主義、資本主義などというイデオロギー争いの時代ではないのである。すると平和のイデーを規準に、平和のモデルを考えることの中にこそ、新たな、良い意味での争いの目標を見出すことができるのではなかろうか。

ショーペンハウアーの共苦の倫理学は、そういう視点から読者に平和を考える際のヒントを与えてくれると思う。そして読者は彼の哲学が、「平和」と分かちがたく結びついていることを、改めて知るにちがいない。平和の要請はショーペンハウアーの哲学理論の必然的帰結なのである。

本書をとおして一人でも多くの読者が、ショーペンハウアーの哲学に興味をもつようになるならば、著者としてこんなに嬉《うれ》しいことはない。

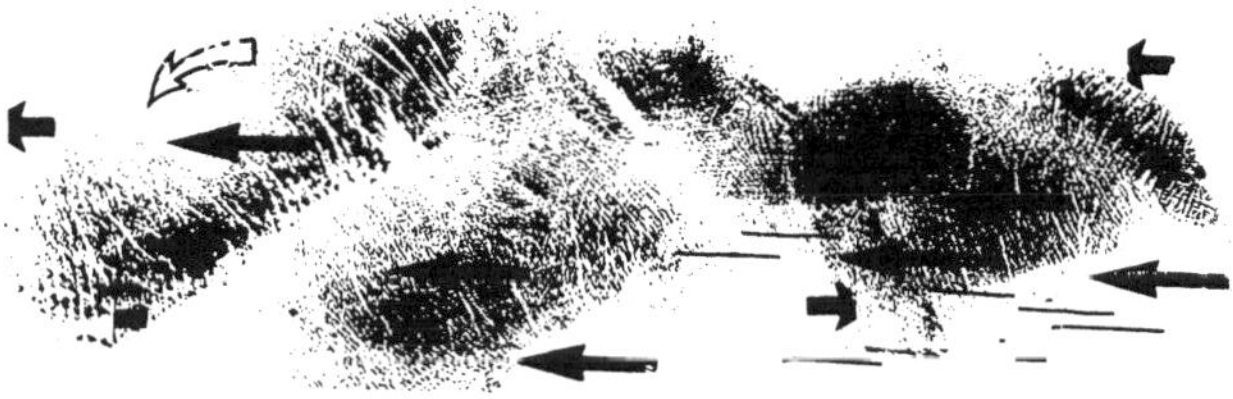

目次

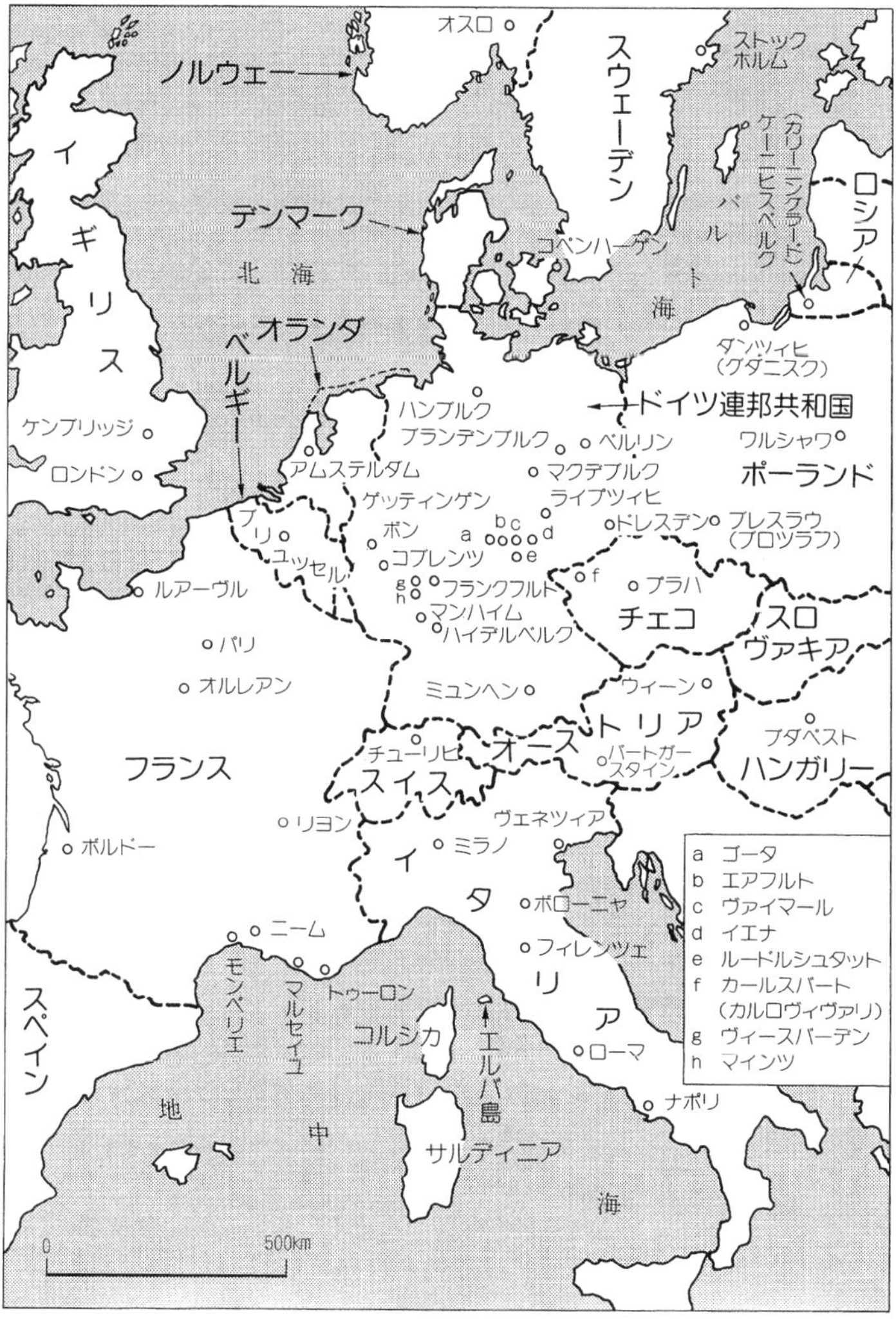

ショーペンハウアー関係地図

I

ショーペンハウアーの生涯

学者への夢

ダンツィヒの商人の子

アルトゥーア＝ショーペンハウアー(Arthur Schopenhauer)は、一七八八年二月二二日ダンツィヒ（現在、ポーランドのグダニスク市）に生まれた。ちなみにこの年は、アメリカでは憲法が施行された年で、日本では飢饉《ききん》で有名な天明年間の最後の年にあたる。ヨーロッパでは、フランス革命の起こる一年前の年である。

父ハインリヒ＝フローリスは、銀行業務なども手がける富裕な商人であり、母ヨハナ＝ヘンリエッテはダンツィヒの名門トロジーナ家の娘であった。彼女はのちにヴァイマールで文学活動に専心するようになり、一連の著作を残した。当時はかなり有名な女流作家であり、ゲーテなどとの交流もあったが、現在ではその名は忘れ去られ、息子を通してのみ知られる存在になっている。

アルトゥーアが五歳になったとき、自由都市ダンツィヒがプロイセンの支配下に置かれた。自由を愛すること、人一倍強かった彼の父はそれをきらって、相当額の財産没収にもかかわらず、妻子を連れてハンザ自由都市ハンブルクに移住した。それは家訓の実行でもあった。彼らの居間には、「自由のないところに幸福はない」というフランス語で書かれた額が飾られていたという。こうしてショーペンハウアーは、少年時代の十余年を商都ハンブルクで過ごすことになる。

父は最初から息子を自分と同じように商人にするつもりであった。Arthurという名前も、商人となってどこの国に行っても通じるようにつけたという。これはドイツ語では「アルトゥーア」、フランス語では「アルチュール」、英語では「アーサー」である。商人になるためには世間を知らねばならない。また、上品なしつけを身につけさせる必要がある。父はそう考えた。そこで彼は、当時最も広い範囲で使われ、影響力のあったフランス語をアルトゥーアに習わせることにした。父は、そのため息子をフランス旅行のときに連れて行き、パリ見物をさせたのち、ルアーヴルの商売仲間のもとに預けた。フランス語をマスターさせるには、フランス本国で学ばせるのが何といっても最良と思ったからしい。

世界旅行の誘惑

アルトゥーアは、父の期待に応えるため、二年間もルアーヴルにとどまって勉強した。一二歳も終わろうとした頃、ようやくアルトゥーアは、一人で海路を経てハンブルクに戻った。フランス語をまるでフランス人のように話すアルトゥーアを見て、父はすっかり喜んだが、息子がドイツ語をほとんど忘れてしまったのには困ったようである。アルトゥーアは、以後約四年間、ハンブルクの哲学博士ルンゲの私塾に通学させられ、商人として有益で、教養人としても必要なあらゆるものを、徹底的に教えこまれた。

この頃、アルトゥーア少年の心に学者として生涯を送りたいという望みが芽生えるようになった。ところが父は息子が学者になることには、きわめて不満で、父の考え通りの道を進むことこそ息子にとって一番よいのだと確信していた。そのため息子の希望をなかなか聞きいれようとはしなかった。父親としての愛情からすれば、息子が学問で身を立てることなど、危険この上もないことで、まともな安定した生活が送れなくなると思ったのである。彼の頭の中には、当時の一般の人々と同じように、学者と貧乏は切っても切り離せないものという思いがあったに違いない。そのうちに息子もきっと気が変わるだろうとひそかに期待していた。しかし案に相違して息子の決意が意外に固いので、父も決断を迫られ、あるとき次のような選択を息子につきつけたのである。

「アルトゥーアよ！　わしは、お前のお母さんを連れて、ヨーロッパの方々の国々を旅行しようと思っている。前の時よりずっと長い期間にわたってだよ。一緒についてくるかね。このすばらしい旅行に連れていってあげてもいいんだが、帰ったら商人になると約束できるかね。それとも学者になりたいという考えを変えるつもりがないんなら、ラテン語を学ぶためにハンブルクに残りなさい。どちらを選ぶかはお前の自由だよ」と。このような策略を用いて父はアルトゥーアの気持ちをためしたのであるが、育ち盛りの一五歳の少年にとって世界旅行の誘惑には抗しがたいものがあった。

長期のヨーロッパ周遊

息子は父の望み通り、ついに商人になりますと約束したのである。そこで一八〇三年の春、両親は彼を連れて、ほぼ二ヵ年の長期にわたるヨーロッパ周遊の途にのぼった。このことからもその家庭は実に富裕であったことがわかる。彼らはまずオランダに行き、次いでイギリスに渡った。イギリスではアルトゥーアは六ヵ月間ロンドン郊外のウィンブルドンにある僧職ランカスター師の寄宿舎に預けられた。両親のもとを離れて英語を学ぶためである。その年の秋、彼らは英語に熟達した息子に満足して、彼を連れて再びオランダに渡り、冬の大部分を過ごすために、ベルギーを経てパリに向かった。

一八〇四年、旅は二年目に入った。彼らはオルレアンとボルドーに滞在したのち、南フランスのモンペリエ、ニーム、マルセイユ、トゥーロンの各地を訪れた。旅行中、アルトゥーア少年が書いた日記には、後年彼の名前と結びつけられることになったペシミズムの風潮が、すでにはっきりと表れている。少年アルトゥーアは風景、人々、芸術作品、それから社会生活の諸問題などについて、ほとんど第三者的な報告態度で書き記している。トゥーロンでガレー船の漕刑《そうけい》囚の生き地獄のような強制労働の現場を見たときのこと、旅の馬車が南仏に点在するそまつな小屋とそこに住むみじめな貧しい人たちのそばを通り過ぎたときのこと……それらに触発されてこの頃から彼のペシミスティックな心情は芽生えたらしい。後年、彼は次のように追想している。「私は一六歳の年に旅の途上で、正規の学校教育というものをまったく受けていなかったのにもかかわらず、若い時に病、老、苦、死を目撃したあの仏陀のように、生の苦悩というもののとりこになった。」つまり生きている限り、人間につきまとう苦しみ、悩みに目が向いたというのである。

旅はさらに続く。現在でも外国旅行はそう簡単にはできない。ましてやショーペンハウアー一家が、一八〇年も前に今の世界一周旅行にも比較することができるような長旅を親子で行ったという事実、これは驚くべきことである。余程の財力がなければできなかったことであろう。それはともかく、フランスではリヨンを最後にスイス領内に入った。スイス全土をくまなく巡り歩くと今度はオーストリアのウィーンに滞在した。外国の旅を終えると、再びドイツに入ってドレスデンを通り、ベルリンに向かった。そのあとなつかしのふるさとダンツィヒを訪れ、八月二五日アルトゥーアは、当地の聖マリア大寺院で堅信礼《けんしんれい》を受けた。堅信礼とはキリスト教の成人式のようなものである。彼らはそのまましばらくそこにとどまり、一二月になってハンブルクに向けて出立、ほぼまる二年が経過した一八〇五年の元旦に、無事にハンブルクに帰還したのであった。この旅行は若きショーペンハウアーの人間形成に実に大きな影響を与えた。

デカルトも『方法序説』の中で「世間という大きな書物」を求めて、その青年時代に旅に出たと語っているが、ショーペンハウアーの父も、これとは別に「わしの息子は世間という書物を読まなきゃならん」と言っていたらしい。今や大旅行は終わった。ショーペンハウアーがのちになって師と仰ぐカントが、その八〇年の生涯を通して、生地ケーニヒスベルク（現カリーニングラード）をほとんど一歩も出ることのなかったのとは、まったく対照的である。たしかにこの二年間は、ふつうの少年たちが、大学をめざす場合、ラテン語、ギリシア語などの古典語の学習についやす時期にあたっていた。それを考えると彼にも少しのあせりがあった。しかし机上の学習よりも、事物を自分の目で確かめ、正しい知識を獲得することのできたことの方が、嬉しかったのも事実である。そのことを彼は次のように述懐している。

「こうした正規の学校教育とは異なった教養獲得の道を歩んだおかげで、私は若いころから、事物のただ単なる名前を知ることだけには満足しなかった。そのため事物を観察し、探求し、実際にこの目で確かめてから認識するようになり、それが無意味な言葉を暗記するよりも、はるかに重要なのだと考える習慣が身についた。だから私はその後、言葉を知っただけで、それを事物そのものと取り違えるような危険には決して陥らなかったのである。」

父の死と母との離別

旅の疲れもそこそこに同年の一月には、アルトゥーアは「イェニッシュ商会」で、約束通り実務を習うことになった。帳場での仕事には、しかしなかなかなじめず、彼より「程度の悪い見習い店員などは存在しなかった」ようである。

同年の四月には父が不幸な事故で突然この世を去った。倉庫から河の中に墜落死したのである。恐らく自殺だろうと言われているのであるが、はっきりしたことはわからない。愛すべき善良な父の死にアルトゥーアは、はかりしれないほどの打撃を受けた。彼の父は厳格で、気の短い性格の持ち主ではあったが、真面目で品行方正で正義感にあつく、他人に対する信義は絶対に守り、その上実業についてはすばらしい見識を備えていた。このような父をアルトゥーアはつねづね誇りに思っていた。その父の突然の死。旅の途上で深く心をゆさぶられた生の苦悩が、この悲しい事件のために、再び頭をもたげ始めた。彼の暗い気持ちはいっそう深刻となり、鬱《うつ》病の一歩手前というありさま。あまりにも深い悲しみのために、すっかり精神力を消耗し、何もする気がなくなってしまった。商人としての職業にも深い不満があったが、いかに父が死んだからといって、父の生前の希望をすぐに反古《ほご》にするのも良心がとがめてできなかった。それにたとえ学問の道を進むにせよ、古典語をもう一度学びなおすには手遅れであると、アルトゥーアは考えた。結局徒弟奉公を続けるしか道がない。

こうして内に深い不満をいだきながら、帳場にいつも本を隠しもち、誰も見ていないとわかると、読書にふけるという生活を送った。この頃、頭の骨に関する学問いわゆる頭骨相学などに興味を示し、この道の権威者であったガル博士の講演を聴きに行ったりしている。

一八〇六年、アルトゥーアが、一八歳のとき、母は彼の妹アデーレ（一七九七年生まれ。当時九歳）を連れて、ヴァイマールへ移住して行った。そしてアルトゥーアだけがハンブルクの商会に残されることになった。母ヨハナは父より、二〇歳も年が若く、結婚当初は裕福な夫のもとでの生活に感激していたが、だんだん平凡な夫との生活に嫌気《いやけ》がさすようになった。夫が死んだときはまだ四〇歳前の女盛りでもあった。彼女はもともと陽気で楽天的なタイプであったようである。物事をあまり深刻に考えることもなく、時々むら気の起こるのにまかせて、アルトゥーアにこごとを言うぐらいであった。

母と息子の不和は、この頃にはまだ表面化していなかった。ただ息子が母の生活態度に批判的であったことははっきりしている。母がヴァイマールを選んだのは、平凡な夫と暮らしている間は幸福を味わえなかったので、夫の死んだ今自由に羽を伸ばして恋愛をしてみたいと思いたったからである。当時ヴァイマールはその種の生活をするのに最も適している環境と思われていた。この間の母の行動は、父を尊敬し、父に愛着をおぼえていたアルトゥーアに、ハムレットがその母の再婚について考えたのと同じ気持ちをいだかせたらしい。

母ヨハナと妹アデーレ

イエナ会戦の印象

社会に目を向ければ、この頃ナポレオンの軍隊と彼に対抗する軍隊との会戦がいたる所で行われた。その結果ヨーロッパ諸国のあらゆる地帯が荒廃したと言っても過言ではない。プロイセン軍は、この年の一〇月イエナでの戦闘に敗退した。いわゆる「イエナ会戦」である。当時イエナ大学の私講師であったヘーゲルは、会戦前夜に、ナポレオンの行進を見ながら、主著『精神現象学』を脱稿したという。

若きショーペンハウアーは、イエナ会戦後の印象を伝えてきた母の手紙に対して、次のような返事を書き送っている。それは自分たちの生きている時代を深く考え、悲しみの気分に満ちた調子のものである。「お母さんの書かれたような戦争の悲惨さは、実際目の前でそういう事実を見ない限り、にわかには信じがたいくらいです。しかし時とともにそれらも忘れさられることでしょう。なぜなら過ぎ去った苦境を忘却することは人間の特質とも思えるからです。ティークが、このことをおよそ次のような言葉でうまく言い表しております。われわれは生き、悲嘆にくれ天に問いかける、いったいかつて誰がわれわれよりも不幸であったのかと。われわれより不幸なものがあるはずがない、そう問いかけているわれわれの背後では、もう未来が人間の過ぎ去りやすい苦痛をあざ笑っているのである。そう言っております。」

ショーペンハウアーの記憶に残っていたこのティークの箇所は、ルードヴィヒ＝ティークの編集発行による芸術の友に向けての、『芸術についての創造的構想』の中におさまっている。しかし実際にはこの引用箇所の筆者は、ヴァッケンローダーであり、「音楽の驚異」という一文がそれに該当する。ショーペンハウアーも、ジャン＝パウルや他の読者と同様、編集人のティークが、筆者であると思い込んでいたようである。ヴァッケンローダーという人は若くして死んだ詩人であるが、この世の苦悩と苦痛とについてまったく独特な洞察をしていた。ショーペンハウアーはこの時期ヴァッケンローダーが誰であるかも知らず、ただ彼の考えに共鳴していたらしい。過ぎ去った絶望をすぐに忘れてしまう日常の移ろいやすさ、日常性というものにショーペンハウアーは何かこわいものを嗅《か》ぎとっていた。日常性は、高揚してくるものをすべて、低く押しつぶしてしまうからである。

この日常の低次元性に相対するのが芸術であり、彼はヴァッケンローダーとともに、芸術の中に、人々をなぐさめ鎮静させる機能のあることを直感した。中でも音楽こそは、日常性の対極をなすものであり、音楽の中には「永遠なるものの直接の反響」があるというインスピレーションをえたらしい。この根本的な教養体験こそは後年の彼の「音楽の形而上学」を予測させるものである。日常性と芸術の関係は、経験的な意識と経験のまじらない先験的なよりよい意識との関係であり、それは有限なものと、無限なものとの対立、あるいは現実の姿とあるべき状態との対立と言ってもよかろう。

豪華な顔ぶれのサロン

母と息子の手紙のやりとりは、しばしばこのような文学的、哲学的な問題を含んだものが多く、ごきげんいかがですか式の平凡なものはあまり多くない。これはショーペンハウアーもさることながら、母が文才のある女性であったことにもよろう。母親はヴァイマールに行ったのち、持ち前の才覚で、宮廷に女官の職を得て、その地にしっかりと腰をすえ、それどころか社交界で活躍するまでになっていた。

彼女の主催する茶会は間もなく有名になり、ゲーテ、ヴィーラント、フリードリヒ＝マイヤー、カール＝ルードヴィヒ＝フェルノウらがよく顔を見せたらしい。ことにゲーテはヨハナ＝ショーペンハウアーを高く評価し、彼女に好意をよせた。それはヨハナが当時の上流社会から、出身の問題で村八分にされていたゲーテの若き妻クリスティアーネを心から歓迎したからであった。ゲーテが正式に彼女と結婚したのちでも、クリスティアーネ＝ヴルピウスは招かないという社交界の暗黙の了解が、なお続いていたのである。「ゲーテが彼女に彼の名前を与えたのなら、私たちが彼女をお茶に招《よ》んでも不思議ではないでしょう」というのが、ショーペンハウアー夫人の明快な言明であった。これがきっかけとなってクリスティアーネに対する社会的排斥が解かれたのである。だからヨハナ＝ショーペンハウアーが、それ以後ゲーテ家にいつでも出入り自由の「歓迎される客《ペルソナ・グラタ》」となったのも不思議ではない。ゲーテも、しばしば多くの重要な人物を伴ってショーペンハウアー夫人の例会に顔を出した。

息子に書き送った手紙の中でヨハナは「日曜日と木曜日に私のところに集うサークルのメンバーは、多分ドイツの他のどこにも見出せないような豪華な顔ぶれです」と述べているが、あながち誇張ではない。彼女のまわりに集まった男性たちの中で、彼女の心を捉えたのは、当代随一の芸術通と言われていたフェルノウであった。母ヨハナは苦悩の様を綿々と書き記した息子の手紙を彼に見せ、息子の将来についてどうしたものかと相談した。フェルノウは、アルトゥーアの手紙の真意を悟り、学問をするのに今からでも決して遅くはないと励ました。その激励の手紙の中で、彼は、アルトゥーアがこれまで空費したと思っている年月も、決して取り返しのつかぬものではないことを明らかにした。フェルノウ自身や、かなり年輩になってから研究生活に入った有名な学者たちの例もあげられていた。そして他のことはすべていったん脇に置いて、まず最初に古典語の学習に励むよう忠告した。アルトゥーア＝ショーペンハウアーは、その時の感激をのちになって次のように述懐している。「私はこの手紙を読んだとき、涙が激しく流れるままに号泣した。この時ばかりは、いつもは優柔不断な私も即座にやるぞと決心をした」と。

ハンブルクからゴータへ　こうして彼はイェニッシュ商会をやめ、商都ハンブルクを去ることになった。振り返ればハンブルクは十余年にわたってショーペンハウアーの外的ならびに内的発展をうながした都市であった。ハンブルクはその頃文芸新聞「ヴァンズベッカーの使者」の故郷として知られていた。彼が知らず知らずのうちにその発行人マティアス＝クラウディウスの影響を受けたであろうことは想像にかたくない。マティアス＝クラウディウスはその頃の有名な詩人である。またハンブルクは神秘主義を源泉とする敬虔《けいけん》主義運動の発祥の地でもあった。敬虔主義の有名な言いまわしによれば、地上の住み家である大地は苦しみの谷であり、現世は、害悪の世界、呪《のろ》うべき、存在すべきではない世界とされていた。

ハンブルク時代は、ショーペンハウアーにとってこのように彼の一生に方向づけを与えるようなペシミスティックな体験を重ねた期間でもあった。他方商家に徒弟奉公に出て、その商業取引のただなかで、実用上の知識を獲得した期間でもあった。この後者の経歴は、彼のうちに現実を重視する精神をつちかい、人間や世間についての具体的な知識を彼の哲学の上にちりばめることになったのである。

一八〇七年の五月、ショーペンハウアーは、ゴータに向かった。フェルノウの忠告に従ってゴータのギムナジウムで、大学入学のための勉強をするためであった。ゴータは東ドイツのテューリンゲン地方にある一小都市で、現在は、マルクスの『ゴータ綱領批判』によってその名が知られる。

ギムナジウム入学を許可されたとき、ショーペンハウアーはすでに一九歳であった。この年齢で古典語を学ぶのは、たいへんなことと思われた。というのは一一歳から習い始めるのが通例であったから。当時は古典語習得が大学入学のための必須条件であった。ありがたいことに、言語学者として有名な校長のデーリングが、彼に毎日二時間ずつラテン語の基本について個人教授をしてくれることになった。その他の科目は上級生のクラスで受けることが許され、詩作や作文など国語の勉強にも励んだようである。この頃の手紙には、ゲーテの『ヴィルヘルム・マイスター』、『ヘルマンとドロテーア』、ジャン＝パウル、ティーク（実は前述のようにヴァッケンローダー）、そして『ハムレット』など、作家や作品の名が散見される。ラテン語の方は「信じられないほど急速に進歩」をとげたのであるが、他の教師たちとの間に問題を起こし、ついにはここもわずか六ヵ月で去り、ヴァイマールに向かった。

母との確執

母は自分の住んでいるヴァイマールに息子が来ることを、あまり望まなかった。それは息子との同居によって、彼女の今の楽しい快適な生活が邪魔されることをうれえたからであった。二人のあいだのこの間のいきさつを明らかにしている彼女の手紙によれば、「お前はうるさすぎてがまんができません。私にはお前と一緒に暮らすことはとてもむつかしいように思われます。お前がかしこすぎることは、すべてのことをもっとよく知りたいという独善的情熱となり、自分以外の誰かれの過失を見つけ、それを是正したり支配しようとし、そのためにお前は周囲にいる人をおこらせてしまいます」と書かれている。

また別の手紙では、もっと具体的に、暗い顔つきとか陰鬱《いんうつ》な辛気《しんき》くささなどが述べられている。「私はお前にいつも、お前と一緒に生活するのはとてもむつかしいと言ってきましたね。お前を身近に見すえれば見すえるほど、私にはますますそのむつかしさが増すように思えます。お前が今のままである限り、私は一緒に暮らすことをためらいます。勿論《もちろん》私はお前のよい点も知っています。

お前をいやに思う原因が、お前の性質にあるのではないことも。お前の内なる気質はいいのですが、外に現れた見解とか判断とか癖などがいやなのです。一言で言えば、私は外界の事柄に関する限り、お前には何一つ同意することができません。……お前が私を訪ねて来たときはいつでもなんでもない事柄について激しい言い争いがありましたね。実際お前が帰ると私はいつもホッとしました。どうしようもない事柄に関するお前の悲嘆、お前の不機嫌な顔、神託のように反論の余地を与えぬ調子でお前の口から発せられる奇怪な判断、それらすべてが私の気持ちを重くさせたものですから。聞いておくれ、お前の家はお前が住んでいるところ、お前は私の家ではお客さんということにしましょう。私のところで茶会パーティがある日は来て、夜は食事をしてもいいけど、私を怒らせるような不愉快な議論や、お前のいう不快な世界や人間の不幸に関して嘆くのはやめにしておくれ。そうでないと私はいつも悪い夢を見たりしてよく眠ることができないからね。……」

これらの手紙からわれわれは、息子も母も両者ともに非常に個性が強く、物事に簡単には妥協せず、何事にも徹底していたことを知るのである。アルトゥーアの方には、母親の特質や生活に、自分を合わせようという気が起こらなかったらしいし、ヨハナの方には息子に対する母親の愛情というものがあまり感じられない。少し厳しすぎると思われるくらいである。

従来ショーペンハウアーは、辛辣《しんらつ》な女性批評を書いたため「女性の敵」とよばれ、その原因が母との不和にあったとされている。なるほどたしかにそういう面もあるが、すべてを母親の罪に帰するのはやはり適切ではなかろう。この点クノー＝フィッシャーの的を射た指摘が参考になる。「ゲーテやヴィーフントと親交のあった女性、そしてフェルノウをして自分の気性と似ていると感じさせるような女性、それだけではなく、重要な男たちに取り囲まれ賛美されるのを知っていた女性すなわちヨハナ＝ショーペンハウアーにとって、たかがギムナジウムに通っている自分の息子に好き勝手なことを言わせ非難させるのにまかせるままなどということはできなかったことであろう。」

ただし手紙の中でヨハナが息子のこの世の苦悩に対する言明や悲歎《ひたん》などを、彼の不機嫌のためと、かたづけてしまっているのは、少し単純にすぎるのではなかろうか。なぜなら私は生というものを熟考する彼の哲学の萌芽が、それらの中にすでに見出しうると思うからである。

ヴァイマールのショーペンハウアー

こうしてショーペンハウアーは、ヴァイマールでは自分の入学したギムナジウムの教師で、のちにブレスラウ（ブロッラフ）大学教授となった言語学者パソウの家に同居することになった。パソウは高等学校の教課のかたわらショーペンハウアーに、はじめはラテン語、ついでギリシア語の個人教授をして面倒を見たといわれている。

その他ショーペンハウアーは連日深夜にいたるまで独学で、古典文学の広範な知識の吸収につとめ、さらにすでに基礎のあった数学や歴史の学習にも励んだらしい。他方母のサロンには時々顔を出したもののなんとなく違和感の方が先に立ったようである。ゲーテを見かけることもあったが、この偉大な詩人は、ショーペンハウアーに言葉をかけることはなかった。それに反してロマン主義の劇作家ツァハリアス＝ヴェルナーは彼に目をかけてくれ、終生ショーペンハウアーのよき思い出として残った。ヴェルナーの『霊感の力』は、ルードヴィヒ＝ティークの作品とならんで、ショーペンハウアーが高く評価したものの一つである。彼は『霊感の力』を読んですでに実際に個人的に知り合う前にヴェルナーに心酔していたので、有頂天《うちょうてん》であった。「彼（ヴェルナー）は私には親切でしばしば一緒に語り合った。それも真剣にそして哲学的に」とショーペンハウアーは書き残している。

しかしこの時期彼が最も身近に感じていたのはなんといってもフェルノウであった。後年の思い出の中でフェルノウとの関係を心からなつかしみ、ゲーテとの出会いと同列に並べている。ゲーテとの関係はこれよりのちに生じるのであるが、ショーペンハウアーはそれを生涯の中で最も重要な出会いとしている。しかしフェルノウとの友情はあまり長く続かなかった。フェルノウが一八〇八年一二月三日に不治の病で世を去ったからである。

ヴァイマール時代のショーペンハウアーはアフォリズム（警句）の形式でいくつかの哲学的断片を書き残した。認識論や自然哲学的なものはまだ見られないが、彼の倫理学や美学の基底をなすものはすでに現れている。次の断片などはその典型的なものといえよう。

「もしもわれわれが人生から、宗教、芸術ならびに純粋なる愛が属する短い瞬間、瞬間を取り去ってしまったら、いったい通俗な考えの連なり以外に何が残るというのか？」

ここには宗教、芸術、純粋なる愛こそが人生の中で本来中心となるものとする若きショーペンハウアーの姿が浮かんでくる。

またこの年（一八〇八）には彼は、エアフルトの町で偶然にもナポレオンを目撃している。当時ドイツはナポレオンの占領下にあった。フィヒテの愛国的な連続講演集『ドイツ国民に告ぐ』が出たのもこの年である。フィヒテはナポレオンの占領以来、国内にみなぎっていた外国崇拝と道義的頽《たい》廃《はい》に対して、純粋な道義への陶冶《とうや》を説き、新しい国民教育の必要性を訴えたのであった。これは国民各層に大きな反響をよび、ヴァイマールもその一つであった分立国家の寄せ集めのドイツに、初めて全体規模での共同体意識をよびさましたものとして特筆される。フィヒテはこのあと新設されたベルリン大学の初代総長になった。ショーペンハウアーはのちにそこでフィヒテの講義を聴くことになる。

遺産相続そして ゲッティンゲン大学入学　一八〇九年、ショーペンハウアーが成人に達したので（当時はドイツの成人年齢は二一歳であった。現在は一八歳）、母は彼に、夫の遺産のうち、すでに費消した部分を除く三分の一を分け与えた。その他にダンツィヒ郊外にショーペンハウアー家が所有していた山林田畑の信託管理代も委譲され、毎年定期的収入が保証されることになった。彼は遺産相続分のほとんど全部を国債などに換え、残りはいくつかの商会（会社）などに投資したが、これで一生暮らすには十分という額であった。父のお陰で「私は自由に使える時間と、完全に生活の心配をしないでもよい財産が与えられた。そのため長年にわたり、金もうけとは縁のない学問研究や、きわめて難解な探究や瞑想《めいそう》にもっぱら打ち込むことができた。その結果、何物にもわずらわされたり、邪魔されることなく、私が研究し熟考したことどもを執筆することができた」のであった。そのため父に対する親愛の情と感謝の念はショーペンハウアーの生涯を通じて決して消えることがなかった。この点彼の場合にはフロイトのいう「エディプス・コンプレックス」が、まったくといっていいくらい、見られない。むしろ逆に同性の父を愛し、母を敬遠するというケースである。

ショーペンハウアーは、ヴァイマールのギムナジウムでの勉強の結果、学力が大学で学問するのに十分であると認定されると、一〇月九日にゲッティンゲン大学に入学の手続をした。最初医学の学生として登録手続をしたが、同時に言語学、化学、物理学、植物学、民族学、哲学、歴史学などの講義にも顔を出している。

一八一〇年には、医学科をやめて哲学科に移った。医学の勉強はわずかに一ゼメスター（半年）で終わった。ところで彼を哲学に導いたG・E・シュルツェは、ある意味では「ショーペンハウアーの哲学」に決定的な影響を与えたひとと言えよう。シュルツェはショーペンハウアーに、「君自身としての勉強を最初はまったくプラトンとカントに向けること、この二人を克服してしまうまでは、他の人々、すなわちアリストテレスやスピノザに目を向けないよう」忠告したのである。ショーペンハウアーはこの賢明なるすすめに従った。その結果、プラトンは彼をイデア論に接近させ、カントは、彼に現象と物自体の区別を教えた。のちのショーペンハウアーの哲学体系を見ると、これはきわめて重要な契機となったことがわかる。

ゲッティンゲン大学ではシュルツェの論理学、形而上学、心理学の講義の他には、ティボーからは数学、ヘールからは古代史、近代史ならびに十字軍の歴史と民族学、リューダーからはドイツ帝国史、ブルーメンバッハからは自然史、鉱物学、生物学、比較解剖学、ヘンペルからは解剖学、シュトローマイヤーからは化学、トビアス＝マイヤーからは物理学、シュラーダーからは植物学を学んだ。この年に母ヨハナは『カール＝ルードヴィヒ＝フェルノウの生涯』という本を出版している。

ヴィーラントとの会話

一八一一年、ショーペンハウアーは春休みを利用してヴァイマールに出かけ、当時の文学界の泰斗《たいと》ヴィーラントに面会した。ヴィーラントは、レッシング、クロプシュトックと並び称せられるドイツ近代文学の先駆者の一人であり、教養小説『アガトン物語』の作者として世に知られていた。そしてこの小説に感銘を受けたヴァイマールのアマーリエ大公妃が、一七七二年彼を宮廷顧問官として招いたのである。ヴィーラントはそれ以来この地にあって皇太子たちの教育にあたっていた。時にヴィーラント七八歳、ショーペンハウアー二三歳であった。この時の二人の対話は非常に有名なものである。そこからは若きショーペンハウアーが、自分自身で人生の課題を選んだときの様子が生き生きと伝わってくる。

母ヨハナはヴィーラントに依頼して息子の哲学志望を変更させようと計ったと言われる。ヴィーラントは言った。「哲学だけを学ぶのは考えものだよ。何と言ったって哲学はまともな学科と言うわけにはいかないからね。」これに対してショーペンハウアーは断固としてその決意を述べた。「人生というものは、むつかしい問題で、楽しい問題ではありません。私は一生を、人生についてじっくり考えることで送ろうと決心したのです。」

話が進むにつれてヴィーラントは慈父《じふ》のように心をこめて言った。

「なるほど、君が正しい選択をしたことが、わしにも呑《の》みこめて来たようだ。やっと君という人がわかったよ。哲学にとどまりなさい。」

そして最後に彼は言った。

「君はこれから再びゲッティンゲンに行き、それからベルリンに行って、二年間学ぶんだったね。それがいいだろう。君が二年後に再びここにやって来る時分には、わしはまだ生きているかどうか？」

「あなたがあと二年生きておられないなどということがどうしてありましょう。ヴィーラントさん、あなたは本当にお丈夫そうに見えますよ。」

「君の言う通りかもしれない。年寄というのは身体がちぢんで、ひからびたようなこわばった状態でも、まだ二、三年は生き続ける。そんなことがしばしばあるからね。」

ヴィーラントは事実あと二年間生きのびたのであった。その後間もなく宮廷で開かれた宴会でヴィーラントはショーペンハウアー夫人に会った。そのとき彼は彼女のそばに立ち止まり、楽しそうに語ったという。

「マダムーショーペンハウアー、私は最近非常に興味のある人物と知り合いになりましたよ。」

「いったいどなたですの?」

「あなたの息子さんですよ。本当にこの青年と知り合いになったのはもうけものでした。彼はきっと大人物になりますよ。」

そのときゲーテもその場にいあわせて、このやりとりを聞いていたが、わずかに顔をしかめただけであった。というのはゲーテは、若きショーペンハウアーを、その母の家で何度も見かけてはいたが、別にこれといって取り立てるほどの若者ではないと感じていたからである。ゲーテがショーペンハウアーに一目置くようになったのは、ショーペンハウアーが最初の著書『充足理由律の四根について』を発刊して以後のことである。

秋にはショーペンハウアーはゲッティンゲンよりベルリンに移り、フンボルトの理念により新設されたばかりのベルリン大学で、学業を続けた。ちなみにドイツの大学は現在でもなお学業の途中で、一つの大学から他の大学に転学する自由を権利として認めており、日本のように入学から卒業まで同一の大学で学ぶ必要はない。

ベルリン大学で

ベルリン大学ではフィヒテとシュライエルマッハーの講義の他に鳥類学、両棲《りょうせい》生物学、魚類学、動物学、地学、天文学、生理学、詩学の講義に顔を出した。まことに幅の広い関心である。主著『意志と表象としての世界』の中に生物学からの興味深い例証が、多く見られるが、それはこの頃の勉学の成果が自然に現れたものといえよう。哲学に主力を注ぐつもりで、有名なフィヒテ、シュライエルマッハー両哲学教授のいるベルリンを選んだものの、ショーペンハウアーは彼らの講義にはあまり満足しなかったようである。シュライエルマッハーの「キリスト教時代の哲学の歴史について」という講義を聴いたことはわかっているが、フィヒテの講義については何を聴いたかはっきりしない。しかしそれが「知識学」についてのものであったろうことは容易に想像がつく。フィヒテに関して、ショーペンハウアーのベルリン日記の中には、わずかに以下の叙述があるだけである。「私はフィヒテの哲学講義を熱心に傾聴した。そうすれば哲学に関する私の判断が、今後、より適切になると思ったからである。そこで、ある時私はフィヒテが聴講生一同のために開いた討論会に参加し、長時間にわたり彼と論争したこともある。その場に居合わせたものならおそらく今でもその時のシーンを思い起こすことであろう。」

しかしショーペンハウアーは「毛がモジャモジャした赤顔の鋭い目つきの小男」(フィヒテのこと)にあまり好感をもたなかったらしい。それはある意味では、二人の知的態度のへだたりのしからしめるところであった。ショーペンハウアーは何事にも正確でないと気のすまない性質であり、フィヒテはそれに反して、彼の哲学体系は別として大まかな性質であった。彼はいつも講義のときに、「なぜそうかと言えば、それはそうであるからそうなのである」と言うのが、口癖であったという。

ベルリン大学では、ショーペンハウアーは哲学の両教授よりも古典語学者のフリードリヒ＝アウグスト＝ヴォルフに傾倒し、彼の講義は、ギリシア古代史から始まってギリシア文学史、ローマ詩学、ギリシア・ローマの文人たちの作品講読にいたるまで残らず顔を出した。中でもヴォルフによるアリストファネスの『雲』とホラティウスの『諷嘲詩《ふうちょう》』は深く彼の心を捉えたようである。その他ヴォルフ教授とはシュライエルマッハー批判で一致していた。

哲学大系の完成

不快な家庭の事情と学位取得　ベルリンで博士号を取得するという当初のショーペンハウアーの意図は、再び戦争の不安が高まってきたために、実現をみることがなかった。ナポレオンの軍隊がロシアから戻って来て、ベルリンを窺《うかが》っているというので、身軽な人々はすべて市内から脱出を始めた。一八一三年の春ショーペンハウアーも、ベルリンをあとにした。ドレスデンを経てヴァイマールに向かい、ひとまず母のところにたち帰った。母の家にとどまったけれど、家庭環境があまりにも不快であったため、他に身を置く場所を捜し求め、ついにルードルシュタットに腰を落ち着けた。

彼を憤慨させた家庭の事情とは、母が、一四歳も年下の若い男友達と同棲していたことである。この友達とはヴァイマールの秘書課長で作家のフリードリヒ゠フォン゠ゲルステンベルクで、ミュラーという通称でも知られている。息子にしてみれば、自分といくらも年の違わない若い男が、母と暮らしていることなど許しがたいことであった。それに一六歳の年頃の妹アデーレが一緒に暮らしているのである。その上父に対する美しい思い出がこれによって傷つけられ、汚されたとショーペンハウアーは感じたのであった。

ところでルードルシュタットは、戦争の息吹を少しも感じさせない静かな田舎町であった。ヴァイマールにも近く、今も思索にはもってこいの土地柄である。この年(一八一三)ヨーロッパをナポレオンから解放するための「解放戦争」が起こった。だがフィヒテの「解放戦争に加われ」というよびかけにも、ショーペンハウアーは無関心であった。「本来の性格からして、軍事的なものが大きらいであった私は、四方山々に囲まれた谷の中で兵士の姿を一人も見かけることなく、ラッパの響きをまったく聞かずにすんだのは望外の幸せであった」と記している。ルードルシュタットでは、ショーペンハウアーは「充足理由律の四根について」という論文を完成させた。この論文はベルリンにいた頃から書き始めていたものである。彼はこれをイエナ大学に提出して、審査を受け、一〇月一八日には念願の哲学博士の学位を取得した。

ゲーテとの出会い

われわれは、ショーペンハウアーの認識論の基礎をこの論文から読みとることができる。ゲーテはこれを読んで、かつてのヴィーラントと同様に、ショーペンハウアーのただならぬ才能を感じとった。そこでショーペンハウアーが再びヴァイマールに戻るのを待って、自分の指導のもとに「色彩論」の研究に従事するよう勧めた。ゲーテはその際、この研究に必要な道具はすべて貸し与えようと約束している。事実数日後ショーペンハウアーは、色彩現象を再現するのに必要な機械や器具を彼から受け取った。ゲーテは、また自ら複雑な実験などをやってみせたようである。

この年から翌年にかけての冬は二人が急速に接近した時期であった。ゲーテはしばしばショーペンハウアーを自宅に招き、時には数時間にわたって、単に色彩論にとどまらず、ありとあらゆる哲学上の問題についても話し合った。その頃ゲーテは、「自分は他の連中とは語り合うだけだが、ショーペンハウアーとは哲学する」ともらしたと伝えられている。同じ頃、ゲーテが、ショーペンハウアーについて語ったエピソードが残っている。あるパーティでのこと、若い淑女たちが、むっつりした顔つきで人々から離れ、窓のそばにたたずんでいるショーペンハウアーを笑いものにしていたそうである。それと気づいたゲーテが、「お嬢さん方、私にめんじて、あそこにいる人を、そっとしておいてあげなさい。あの人は私たちのすべての頭上をはるかに超えてどんどん伸びていく人なのだから」と諫《いさ》めたという。そしてショーペンハウアーはゲーテとの出会いを、「生涯の中で最も喜ばしく、最も幸福であった事件」の一つに数えている。「今世紀の真に栄光ある誉れであり、ドイツ人の誇りであり、その名はあらゆる時代の人々の口にのぼるであろう大ゲーテが、この私に友情を示し、親しく交際してくれるようになったのです。」まさに感激の様子がこの文面から伝わってくる。ゲーテはショーペンハウアーが無名の時代から早くもその天才ぶりを認めていた。また一方ショーペンハウアーはゲーテに終生変わらぬ尊敬の念をいだいていた。

ゲーテと哲学との関係は、一般にはあまり知られていない。だが彼があるとき、カントについてショーペンハウアーに語った次の言葉は、ショーペンハウアーの胸に深くきざみこまれることになった。それは「私はカントを一頁読むと、まるで明るい部屋に入ったような感じがするんだよ」というものであった。

この冬はゲーテとの出会いの他に、ショーペンハウアーの思想形成の上で重要なもう一つの出来事があった。それはヘルダーの弟子で東洋学者のフリードリヒ＝マイヤーが、彼をインドの古典すなわちインド哲学に導き入れたことである。

古代インドの哲学は、一九世紀に入ってようやくフランスのアンケティル＝デュペロンによるラテン語訳が出て、ヨーロッパの読者にも、その世界が開かれることになった。デュペロンは、サンスクリットができなかったため、『ウパニシャッド』をペルシア版からラテン語に重訳したのであった。間もなくショーペンハウアーは、そこに隠されている哲理の重要さを認識するようになった。すべての本質の根本的な同一性、無価値性、根源から生じた現象界の悲惨さについての教え、また瞑想によってはじめて解脱《げだつ》の平和が得られるとするインドの教えは、なんの抵抗もなく、彼の頭の中に受け入れられていく。

母との訣別とゲーテの言葉　母とは相変わらず不仲であったが、彼が本になったばかりの博士論文『充足理由律の四根について』を手渡したさい、その敵対関係は頂点に達した。「この本は薬屋さん向けの本じゃないのかね」と母はからかって言った（ドイツ語では「根本、根底」を表す単語と、薬草類などの根っこ、特に「にんじん」は同一単語である。化学薬品がまだ存在していなかった当時の薬屋では、もっぱら薬草類が扱われていた）。ショーペンハウアーは、カッとなって「お母さんの書かれた本がこの世から消え去っても、私の本は読みつがれることでしょう」と言い返した。母は「そりゃそうでしょうよ、お前の本は初版がそっくりそのまま売れ残るからね」と負けずに切り返した。どうも彼らには親子の情というよりも、ライバル意識の方が先に立っていたようである。ゲーテもヴィーラントのように、母親のヨハナに「あなたの息子さんは、将来きっと有名な人になるでしょう」と言ったことがあった。その瞬間それまでの二人の親しい間柄にかつてなかった緊張が生まれたといわれる。というのは母親はいまだに同一家族の中に二人の天才が現れるなど聞いたことがなかったからである。

こうして母と息子の関係は決定的な破局を迎えた。ショーペンハウアーは母に、「あなたの名前は、後世ではただ私を通してのみ知られることになるでしょう」と言い残してヴァイマールを去り、ドレスデンに向かった。時に一八一四年五月のことであった。母はその後二四年間も生き永らえたのであるが、この親子が相まみえることは二度となかった。徹底さはドイツ人の国民性とは、よく

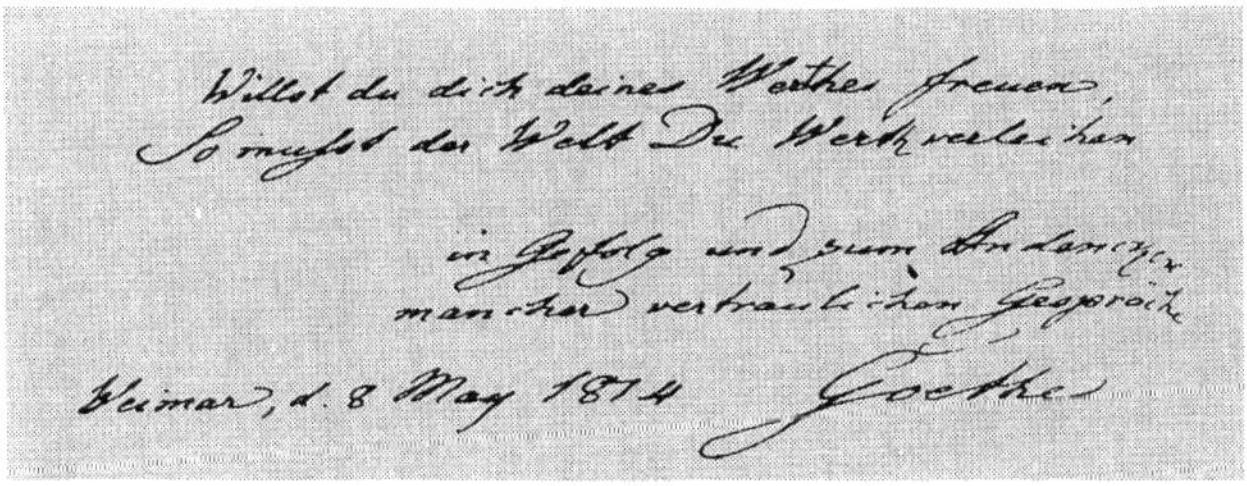
Willst du dich deines Werthes freuen,
So musst der Welt Du Werth verleihen

in Gefolg und zum Andenken
mancher vertraulichen Gespräche
Weimar, d. 8 May 1814 Goethe

ゲーテの言葉

言われることであるが、それにしてもこの二人の場合はすごいとしか言いようがない。

ゲーテは、ショーペンハウアーがヴァイマールを去るにあたって、次の言葉を書き贈った。

君が、もしも自分の価値に喜びを見出すつもりなら、
君は世界に価値を与えなければならない。
多くの親しき談話の結びとして
また思い出のために。
ヴァイマール　一八一四年五月八日　　ゲーテ

ところでこの別れの記念の言葉は、その後のショーペンハウアーの哲学体系を観察する場合、実に暗示的であると言わざるをえない。彼がインド哲学の発見によって、世界に価値をおくことを最終的にやめたのが、このヴァイマール時代であったからである。つまり彼のペシミスティックな人生観が、古代インドの『ヴェーダ』によって増幅されたのは、この時期なのである。

この頃ドレスデンは、ようやく戦乱がおさまって落ち着きを取り戻していた。連合軍はフランスに進駐し、ナポレオンは退位した。ブルボン王朝が復活してルイ一八世がフランス国王となった。

この後、ウィーン会議が開かれる。オーストリア首相のメッテルニヒが、ナポレオン後のヨーロッパ体制を検討するために各国の首脳をウィーンに召集したのである。ところが各国の利害が対立してなかなか意見が一致せず、「会議は踊る」ありさまであった。

新しい色彩論

ドレスデンにおいてショーペンハウアーは、主著『意志と表象としての世界』の礎石となる研究を続けた。ドレスデンで彼を一番喜ばせたのは、当地の至れり尽くせりの文化施設であった。図書館を筆頭に、有名な画廊や、ギリシア・ローマの古代彫刻の展示場などが軒《のき》を連ねていた。それらを訪れたり、科学研究のための機械器具などがそろっている研究施設なども利用した。ゲーテとの色彩論の研究は、彼の哲学体系の基礎づけの合間をみて行われた。また、油絵を描いていたルードヴィヒ＝ジギスムント＝ルールという画家とは色彩論が縁で親交を結んでいる。現存するショーペンハウアーの唯一の青年期の油絵による肖像画は、彼の手になるものである。

一八一五年に彼は自分なりの新しい色彩論をあみだした。それは師のゲーテと同様にニュートンの色彩論と対立するものであった。だが細かい点では師の学説と必ずしも一致しなかった。ニュートンによれば、太陽から出るあらゆる光線は七色の光線から成り立っており、すべての色彩はそれゆえ太陽の光の部分であるというものであった。これに対してゲーテは、色彩は光と闇の協同作用によって初めて生じるものとした。彼は自分の実施した種々の実験をもとに、「われわれは一方では光、すなわち明るさを、他方では闇、すなわち暗さを感知する。両者の間にはうすぼんやりとした薄明《はくめい》帯《たい》がある。色彩はわれわれがこれらの明暗の対立関係の中から、両者を仲介することによって発生する」と唱えたのである。

「ゲーテは事柄の本性を見通す正確な客観的眼力をもっているが、ニュートンは単なる数学者にすぎなかった。ニュートンはいつも測ったり、計算したりに無我夢中で、表面的に捉えた現象をつぎはぎして色彩論の基礎をつくったのである。顔をしかめる者はしかめるがよい、しかしこれが真実である。」

ショーペンハウアーはこうして、まずゲーテの色彩論を擁護した上で、さらにそのゲーテをも超えて、視覚と色彩発生の理論に反ニュートン色を強めた。「もしわれわれ（といってもごく少数の者だが）が、ニュートンの間違った説が、ゲーテのあらゆる種類の色彩現象の叙述を通して、完全に論駁《ろんばく》されたとみなす場合でも、この勝利はしかし、新しい理論が古い理論にとってかわるときに、はじめて完全なものになるのである。自分の理論こそが、まさにそれである。」

彼は、この新しい理論を生理的な色彩現象を出発点として、従来いつも問題にされなかったあらゆる色彩の本質と色彩感覚との関連をさぐる過程で発見したのであると述べている。そこでは白色がどのようにして生じるかが、主要な問題になっている。ショーペンハウアーは、まず白の感覚を取りあげ白色にまつわる感情を検討し、その結果網膜の活動の中に白を見出した。色の発生を調べるのに光を分析するニュートンのやり方では、生理的な感覚が度外視されるため、目の活動が色を発生させることを見通すことができなかったのである。要するにショーペンハウアーの色彩論は、物理的でも科学的でもなく、純粋に生理学的なものである。一年近く、この問題について彼はゲーテと文通を続けたが、ゲーテは彼の独走に不満であった。しかしショーペンハウアーはこれで一応色彩論の研究には、区切りがついたと自分に言い聞かせた。

「たとえ生徒が教師と同じにならなくても」

この頃世界に目を転じると、いったんはエルバ島から戻ったナポレオンであるが、ワーテルローの戦いで、イギリスのウェリントン将軍に敗れ、結局百日天下に終わった。ナポレオンは再び失脚し、こんどはセントヘレナ島に流された。長期にわたったウィーン会議は、五大国（イギリス、ロシア、フランス、オーストリア、プロイセン）による均衡政策を取り決めて幕を閉じ、王侯たちの「神聖同盟」が結成された。

この年にドレスデンから目と鼻の先のイエナで、ブルシェンシャフト（大学学友会）が結成された。この団体は祖国愛の養成と人間の内なる自由をモットーにその活動を開始した。そしてこの伝統は今日まで連綿として続いている。またドイツ連邦（一八一五〜六六）が結成されたのもこの年である。オーストリアを盟主として三九の主権国家がこの同盟《ブント》に加わった。のちにドイツ帝国を樹立したビスマルクが、くしくも同じこの年に生まれている。

ところでショーペンハウアーはドレスデンに来てから、母胎の中の胎児のように、一つの哲学が彼の精神の中に育っていくのを感じた。それは倫理学と形而上学が一つでなければならないという予感であり、すべてのものが一つの根底から発生するという直観をより所に育っていった。

一八一六年になると前年完成をみていた論文『視覚と色彩について』が出版された。その一冊を五月四日付でショーペンハウアーはゲーテに送っている。これに対して六月一六日付の手紙でゲーテは本を受け取ったことのみを伝え、直接論評することを避けた。しかし七月一九日には、彼のベルリンの知人シュルツ宛の手紙の中で、ショーペンハウアーのこの本に間接的に言及している。「ショーペンハウアー博士は一人の重要な頭脳の持ち主です。彼はある期間当地に滞在していたので、私は自分でこの人の頭脳に私の色彩論を理解させる機会を与えました。ところがあなたもそう判断されるようにこの若い人物は、私の立脚点から出発しながら、まるで私の敵対者のようになってしまいました。」この時の心境をゲーテは、エピグラム（寸鉄詩）に残している。

なお暫《しば》らくは教師の重荷をになうがよい。／たとえ生徒が教師と同じにならなくても。

ショーペンハウアー自身としては、ひそかにゲーテの称賛を期待していたので、これには非常に失望した。それだからといって、彼をうらむようなこともなく、今まで同様深い感謝と尊敬の念をいだき続けたのであった。もしもこれがゲーテでなく他の者であったならとてもこうはいかなかったであろう。やはりゲーテの偉大さが、彼の物の見方、考え方及びその全存在を通して、ショーペンハウアーをとりこにしていたのである。ところで自説がいつの日か受け入れられるであろうというショーペンハウアーの希望的観測は、見事にはずれ、彼の色彩論は現在では消滅してしまった。ゲーテの色彩論も同じである。こんにち依然として学校の教科書で取り扱われているのは、ニュートンの色彩論だけである。しかし色は感覚であると主張したショーペンハウアーの色彩論は、物理学（光学）だけでは包括できない、色彩の別の一面を指摘しており、われわれはそこに色彩心理学の先駆者的役割を認めることはできるのである。赤が情熱、緑はさわやか、一九七〇年代のロッキード事件の汚職のときなどに使われた灰色高官の灰色などわれわれは物理学では解明できない色の性質を知っている。

主著『意志と表象としての世界』刊行　一八一四年からショーペンハウアーが五年にわたって、少しずつ書き続けてきた哲学体系が、一八一八年に完成を見た。それは「私の全哲学は一言で表現すれば、世界は意志の自己認識である」というものである。ショーペンハウアーは、早速この大部の論文を出版したいと思い、ライプツィヒの出版社ブロックハウス（現在まで続いており、第二次大戦後は旧西ドイツのヴィースバーデン市にも）にその旨を書面で依頼した。その時のフリードリヒ＝アーノルド＝ブロックハウス宛の手紙は強い自信に満ちたものである。「私のこの著作は一個の新しい哲学体系であります。それは言葉の真の意味における新しさです。すでに存在する古い哲学の新しい叙述というような単なる蒸し返しなどではなくて、今までいかなる人間の頭にも浮かばなかった極度に凝集《ぎょうしゅう》した思考の連なりであります。」

この時ショーペンハウアーは、弱冠三〇歳であった。ブロックハウスは、彼の熱意にほだされて出版を承諾している。早くもその年の暮には、部厚い本ができあがった。その初版本には一八一九年という発行年が記されている。この後、彼は大きな仕事をなし終えた満足感につつまれて、イタリアへの旅に出ることになる。

その頃カールスバート（現在のチェコ共和国、カルロヴィ－ヴァリ）に滞在していたゲーテに宛てた手紙には、「ここドレスデンにおける四ヵ年余の労作がついに完成しました。この本には『意志と表象としての世界』という標題をつけました。この作品はただ単に私の当地での成果であるばかりでなく、いわば私の生涯の成果であります」とある。これに対してゲーテは、次のような返事を書き送った。「久しぶりであなたの手紙に接したことは私にとって非常な喜びでした。あなたは勢いよくあなたの道を進んでおられる。そのことに対して私は、あなたに心から祝福をいたします。お知らせのあった著書を私は必ず最大の関心を寄せながら読むことでしょう。……イタリアの旅行が幸福であることを祈ります。楽しみと得るところが必ずあるでしょう。同封の紹介状は多分あなたのお役に立つことでしょう。どうぞ善意あふれる同国の人々によろしくお伝え下さい。
カールスバート　一八一八年八月九日　　ゲーテ」

ゲーテはイギリスの詩人バイロンへの紹介状をこの手紙に添えたのであった。バイロン卿は、一八一六年以来イギリスを離れヴェネツィアに住んでいた。この厭世詩人はくしくもショーペンハウアーと同年の生まれで、その上その母との間に似かよった不幸な事情をかかえていた。

ショーペンハウアーがイタリアに旅立ったのは、出版社に原稿を渡し終えた九月のことであった。ウィーンを経てヴェネツィアに行き、そこに一一月の半ば頃まで滞在したのであるが、しかし彼はゲーテからの紹介状を行使することがなかった。「ヴェネツィアでお兄様はバイロン様にお目にかからなかったそうですが、これは私にとって非常に残念なそしてなんとも説明のつかないことでございます」（一八一九年三月の妹アデーレからの手紙）。イタリア巡りは一一月の残りをフィレンツェで過ごし、それからボローニャを経てローマに行った。一二月一二日、ブロックハウスは『意志と表象としての世界』（正編）の最後の試刷《ためしずり》をローマに向けて送り、その後、ほどなくして最初のできあがったばかりの本刷《ほんずり》を送ってきた。しかしこの『意志と表象としての世界』第一版は、ほとんどが売れ残るというありさまであった。発行後一年半の間にわずかに百冊くらいしか売れなかったらしい。この点ブロックハウスという出版人が、いなかったら、この本は日の目を見ることがなかったであろう。事実彼はショーペンハウアーの草稿を見せられたとき、これは売れぬかもしれぬと内心で思ったのであるが、それにもかかわらず出版に踏み切ったのであった。しかし一六〇余年後の現在なお自分が設立したブロックハウス社より同書が出版され続けているのであるから、出版人としても以って銘すべきであろう。

一方この著作のもつ思想史的意義を確信していたショーペンハウアーは販売不振という事実に深く作者としての自尊心を傷つけられた。ことにこの書を無視するような態度をとった同時代の哲学者たちに対する彼の敵意はますます増していく。

ゲーテの評価

ゲーテがこの本を読んでくれたことは、妹からの手紙で知った。しかしそれも世間一般の不評を打ち消すほどの力にはなりえなかった。イタリアで受け取った妹アデーレの手紙には次のように書かれている。

「さて、お兄様の著書についてお話しいたしましょう。ゲーテ様は大喜びでそれを受け取られ、読みやすくするため、すぐにその部厚い本を二つに切り離し、瞬く間に、重要な箇所を拾い読み始めました。私はあの方に同封の紙片を渡され、伝言を頼まれました。お兄様が、あの方の思っていることを調べてみることができるよう、ゲーテ様はページ

Die
Welt
als
Wille und Vorstellung:
vier Bücher,
nebst einem Anhange,
der die
Kritik der Kantischen Philosophie
enthält.
von
Arthur Schopenhauer.

『意志と表象としての世界』の初版の扉

数を書いてくれました。そのうちにあの方はお兄様に直接もっとくわしくご自身の意見を書こうと深く考えておられます。それまでに私がひとまずこのことを知らせるよう言われたのです。その後しばらくして、オッティーリエさん（ゲーテの息子の嫁）が私に話して下さいました。お義父《とう》さまがあの本に覆いかぶさるようにすわりこんで、今まで見かけたことがなかったような熱心さでそれを読んでいますと。あの方はオッティーリエさんに、これからまる一年間くらいは楽しんでいられるよ、なにしろこの本を初めから終わりまで読むのだから、多分そのくらいの時間がかかるだろうね、と言われたそうです。その他私が聞いたことは、お兄様が今もあの方に敬意をいだき、このように関係をもっているということに感激したようです。というのはあなた方お二人は色彩論については結局のところ真には一致しなかったし、つまりお兄様の進む道はあの方の道から離れてしまったからです。この本の中で、あの方が特に気にいられたのは表現と文体の明快さでした。もう一つあの方のお気にめしたのは全体の区分の仕方がとてもよくできているということでした。ただ本の型がやぼくさいので、あの方を悩ますそうです。それからお兄様の著書が二つの部分より成り立っていることは、あの方の想像通りだったので、我が意を得たとお得意になっておられたようです。この次には、もう一度私ひとりでお会いしてお話しをお聞きしたいと思います。おそらくあの方から何かもっとご満足されたところをおうかがいすることができるでしょう。少なくともお兄様は、ゲーテ様がこのように真摯《しんし》な態度でその著作をお読みになるところの唯一の著者なのです。このことはきっとお兄様を喜ばすことと思われます。」

この手紙ののち、ショーペンハウアーは、ゲーテからの直接の賛意の言葉と全面的な評価を期待したのであるが、むなしかった。もっともまったくといってよいくらい世界観の違う二人の立場からすれば、それも不思議とはいえまい。ただ妹の手紙に見られるように、ゲーテが、ショーペンハウアーの文章に注目しているのはさすがである。ショーペンハウアーのドイツ文は名文の代表として今でも学校の作文の時間にお手本として使われているし、日本でも旧制高校のドイツ語教科書にショーペンハウアーの文章がよく選ばれたようである。

恋愛と倒産克服

一八一九年四月には、ショーペンハウアーは再びヴェネツィアに戻ってきて、ある「富裕なそして地位のある女性」と交際するようになった。かつて大学入学準備のための最初のヴァイマール時代に、彼はカロリーネ＝ヤーゲマンという一〇歳年上の女性に夢中になり、結婚まで決意したが、彼女がすでに結婚していたため、結局うまくいかなかった。当時はどちらかというと二一歳の若さにまかせただけの情熱のみが先走るという感じであった。

今度はそれなりの思慮をもって事にあたったのであろう。あれからすでに一〇年が経っていた。妹にもこの件に関してつつみ隠さずに報告している。今回のヴェネツィア滞在時にも彼はバイロン卿と面識を得ずに終わった。後年そのいきさつをある友人におよそ次のように書き送っている。「私はゲーテからバイロン宛の紹介状を貰《もら》っていました。ヴェネツィアにはバイロンの滞在中に三ヵ月近くもいたのです。いつも私はゲーテの手紙をもって彼のところへ行こうと思っていたのですが、ある日それをまったく断念してしまいました。私が自分の愛人と一緒に街を散歩していたとき、私のドゥルチネア（恋人のこと）は、すっかり興奮して、〈ご覧なさって《エコー》！　あの方がイギリスの詩人で《イルーポエターイングレーゼ》ございますわ〉と叫んだのです。バイロンは馬に乗って、ギャロップで私のそばを通り過ぎて行きました。そしてドンナ（女）は、その日、一日中、この印象から離れられなかったのです。それで私はゲーテの手紙を届けまいと決心をしたわけです。私は彼女の気持ちが彼に傾くのがこわかったのです。こうして私は彼と知り合いになる機会を失いました。今までにこのことを私はどれほど後悔したことでしょう。」この女性との恋愛も妹の期待に反して、結局のところ実らなかった。

ショーペンハウアーの学説と人柄との矛盾は一般によく言われるところである。学説の上だけから判断すると彼はあたかも聖者のように思われないでもない。だが実際は女性に対しても決して無縁ではなかった。この恋愛事件などもその一例である。

さて六月にヴェネツィアを去ったショーペンハウアーは、ミラノで、ダンツィヒのムール商会倒産の報らせを受け取る。この商会には、父の遺産を預金という形で出資していたから、彼はこの出来事のために予定を繰り上げて、急いでドイツへの帰国の途についた。旅の道すがら妹を巧みに指揮してこの件にあたらせるとともに、自身でも的を射た手紙を矢つぎ早にムール商会に送りつけるという商才を発揮した。その結果自分の財産を救うことに成功したのである。ショーペンハウアーは、並の哲学者たちと違って実に利殖の才にたけていて、この後も財産を分散投資したり、投機によって利潤をあげたり、彼の形而上学からは想像もつかないほど、俗世間の問題に通じていた。やはりこれは商家での徒弟奉公時代につちかわれた才覚といえるかもしれない。

こうして八月には、ショーペンハウアーは約一年におよんだイタリア旅行を終えて、再び祖国ドイツの土を踏んだのである。そしてその足でヴァイマールにゲーテを再訪している。このことについてゲーテは、「ショーペンハウアー博士、この人はその真価をほとんどの場合ひとに認められないで、しかもその人柄を知るのがむつかしい人物そして若くして立派な業績をもつ人物ですが、彼の訪問は私をたいへん刺戟しました。そしてわれわれは互いに教えたり教えられたりします」と書き残している。

ヘーゲルへの対抗意識

ショーペンハウアーは再びドレスデンに戻り、大学で教職を得るための準備を始めた。それは一つには、今後はひとを教えたいと思ったからであった。他方一応は損害を受けることなく終わったもののあの倒産事件を通して将来に不安を感じたからである。そこで彼は一二月三一日に教授資格獲得のための申込書と履歴書をラテン語で書いて、ベルリン大学哲学科宛に送った。いろいろ考えた末、ベルリン大学に私講師の地位を得ることにしたのである。

翌一八二〇年一月に申請書に対する許可がおり、三月二三日にショーペンハウアーは採用の可否が決まるいわゆる試験講義にのぞんだ。その日ベルリン大学の大講堂には、哲学部の関係者が、かの有名なヘーゲル教授（一八一八年、フィヒテの後任として就任）を筆頭に、全員参集していた。講義は「四つの異なる種類の原因について」なされた。講義後、ヘーゲルの「馬が路上に横たわるとき、その動機は何か」というような、ひとを困惑させる質問もあったらしい。だがこれらの質問も、ショーペンハウアー自身により、また彼のために出席していた旧師リヒテンシュタイン教授の助けによって、無事切り抜けられた。

この日の出来事は、ショーペンハウアーとヘーゲルの将来を予測させて、象徴的である。とくに論争の対象とその解釈の差異、年齢の差、名声の隔たりなどすべてあまりにも対照的であった。この日こそヘーゲルとショーペンハウアーの戦いが始まった日なのである。この時、ヘーゲル五〇歳、ショーペンハウアー三二歳であった。もっとも具体的な意味での敵対意識をもった戦いは、ショーペンハウアーの側からのみしかけられたのであり、ヘーゲルは彼のことを歯牙《しが》にもかけなかったのである。しかし両者の哲学そのものを見るならば、その戦いは一九世紀全体に及び、さらに今日までも続いているといえよう。両者の戦いとは概念から出発する思考と、直観的認識に従う思考との対立である。精神の哲学と、意志の哲学あるいは生の哲学との対立という形で捉えることもできよう。この点はショーペンハウアー哲学の現代的意義を問う上で、最も重要な点であり、第二部思想編で、詳しく言及するつもりである。

こうして彼はベルリン大学で教授資格《ヴェニアーレゲンディ》を獲得し、すぐその年の夏学期より講義を始めた。最初の講義の題目は、「総合哲学、すなわち世界の本質及び人間の精神について」である。そしてショーペンハウアーは彼の講義の時間（一週五回五時間）を、当時旭日昇天《きょくじつしょうてん》の勢いにあったヘーゲルの講義と同じ時間に、それも彼の主要講義であった「論理学と形而上学」の時間にパラレルに設定させたのである。対抗意識のなせるわざであったが、結果ははじめから目に見えていた。というのはその時点ではほとんど誰一人として『意志と表象としての世界』の著者が何者であるかを知らなかったからである。

ベルリン大学は設立されてまだ一〇年の新しい大学であったが、学生数はすでに千人を超えていたという。その中でショーペンハウアーの講義に聴講届を出した者はわずか八名、対するヘーゲルの講義はいつも教室が超満員であったという。ショーペンハウアーにとっては最初の講義が、結果的には同時に最後の講義となった。冬学期には、「哲学の基礎づけ、あるいはすべての認識に関する理論」という題目で、講義をする予告はしたものの、実際には果たさなかった。なおこの後も彼がベルリンに不在の年を除いて、一八三一年まで一〇年の長きにわたって、規則正しく、ヘーゲルと同じ時間に講義をするとの予告は出された。だがそれは講義便覧の上でのことで、実際は開店休業の状態であったという。

おのれの体系に深い自信をもち、有名になることを夢見たショーペンハウアーにとって、この失敗は心に深い傷あとを残すことになった。その結果講壇哲学及び講壇哲学者、ことにヘーゲルに対する憎悪は、ますますつのっていくのである。ヘーゲルがベルリンで、大臣たちのお気に入りとなり、彼の哲学があたかもプロイセン当局公認の哲学のような様相を呈《てい》し、時代の圧倒的勢力となっていくのが、ショーペンハウアーにとっては癪《しゃく》のたねであった。たしかに彼の憎悪が彼の嫉妬のためということもあろう。しかしヘーゲルの国家哲学者としての立場が、いわゆる御用学者のそれに近いものであるとショーペンハウアーは感じたのであろう。だからいかなる権力の下にも従属することを嫌った彼の野党的思考態度が、それを許さなかったのではなかろうか。

マルケ事件と「かわいい王女さま」

このベルリン時代は、ショーペンハウアーの生涯の中で、精神的に最も動揺の激しく、最も実りの少なかった期間といえよう。しかしまたいろいろの興味あるエピソードが残ったのもこの時期である。たとえばマルケ事件などがそれである。

ショーペンハウアーの住んでいた家（現在風にいえばマンションの一劃にあたる）の隣にカロリーネ＝ルイーゼ＝マルケというお針子が住んでいた。ところがこの女、どうやらひどいおしゃべり屋であったらしい。ある晩のこと、彼女がすぐ外の廊下で、二人の他の女と声高に長談義を始めた。最初はおだやかに静かにするよう注意していたショーペンハウアーも、ついには癇癪《かんしゃく》を爆発させ、彼女をこずいて退かせようとした。しかしこのマルケという女も全力で抵抗したので、もつれて転倒してしまった。結果として彼は、この事件を金《かな》づるにともくろむとても一筋縄ではいかぬ女につかまってしまったという次第である。嘘《うそ》か真《まこと》か、彼女は商売道具の片腕に大怪我を負ってしまったと主張する。話がこじれにこじれ女はとうとう訴訟にもちこんだ。裁判は長いこと争われ、結局ショーペンハウアーの敗訴に終わった。そのため彼は訴訟費用の六分の五まで支払わされたばかりか、治療費全額ならびに女の生きている限り、毎年相当額の慰藉《いしゃ》料と年金を支払うよう命じられたのである。まさに不運という他ない。

この女に一生手を震《ふる》わせ針のもてないしぐさをされるのかと思うとショーペンハウアーは、くやしさで頭に血がのぼるのを禁じえなかった。それから二〇年後（一八四一）には、このお針子さんは死亡した。その死亡証明書の欄外には、ショーペンハウアーがラテン語で「オビト-アヌス、アビト-オヌス」と書きこみを入れている。直訳すれば「老女死んで債務解消」ということであるが、アヌス（老女）はアクセントを前に置けば肛門の意味となり、ショーペンハウアーの長年のうっぷんが、この痛烈な一句に含まれていることがわかる。さしずめ「糞婆《くそばばあ》くたばり、ホッと一息」といったところだろうか。

またベルリン大学で教壇にのぼった頃、かれはベルリン-オペラのメドンという歌手と恋愛関係を

メドン

結んだ。メドンは愛称で本名はカロリーネ＝リヒターといった。これに関してはロバート＝グルーバーという人が『ベルリンにおけるショーペンハウアーの愛人』という一冊の本を著している。それによるとショーペンハウアーが、かのお針子に乱暴を働いたとき、彼はちょうど愛人メドンを待っていたのだという。三人の好奇心まるだしの女たちが立ち去らないので、ショーペンハウアーのいらだちはつのりあのような挙に出たものらしい。

カロリーネ＝メドンとの関係はかなり長く続いたようである。謹厳実直《きんげんじっちょく》な苦虫をかみつぶしたような晩年の顔からは、とても想像がつかぬことであるが、メドンの後年の述懐によれば、ショーペンハウアーは彼女のことを「かわいい王女さま」とよんでかわいがっていたらしい。もっとも彼女にしてみれば自分のつきあっている男《ひと》が、後年の大哲学者であるなどは知るよしもなく、ただなんとなく普通の男とは違うくらいに思っていたようである。

ショーペンハウアーが、ベルリンを去って二人の関係は途切れたのであるが、彼女はある日新聞にショーペンハウアー七〇歳の誕生日を伝える記事を目にした。それは二六年後のことである。長年の不遇時代が過ぎて、その頃ショーペンハウアーの哲学はやっと注目をあびるにいたったのである。有名になった彼のもとには、各地の人々から七〇歳誕生日を祝う手紙が続々と舞い込んでいた。

カロリーネ＝メドンも思いきってショーペンハウアーにかつて一緒に過ごした時代をなつかしむ手紙を出してみた。高名な哲学者の胸にも彼女の印象は強く残っていたらしく、そのため遺言状に財産の一部を終身年金の形で贈与することを明記して、彼女の好意にこたえている。メドンは彼の死後彼女の死亡する一八八二年まで二一年間にわたってこの恩恵に浴したのであった。

イタリア旅行と病気

ショーペンハウアーはベルリン大学に籍を置いていた一〇年間にもまた何度か、外国に出かけている。町も住民もベルリンはあまり彼の気には入らなかったらしい。一八二二年の春、第二回目のイタリア旅行が行われている。マルケ事件で嫌気《いやけ》がさしただけでなく、自分の哲学を講じることにも失敗した憂鬱《ゆううつ》な気分が、ショーペンハウアーを再び明るい南の国へと駆り立てたのであろう。ベルリンをあとにして、スイスを通り、ミラノ、ヴェネツィアを経てフィレンツェにいたり、そこで冬を過ごした。イタリアはショーペンハウアーの性格に合っているらしく、前回と同様、今度もリラックスして、生きる感情を高められ、人々ともかつてないほど気軽に交わった。光や色彩や人情など「すべてがイタリアにおいては、本来あるべき姿のままに存在している」と賞賛している。ドイツ人のイタリア体験にはゲーテにせよ、のちのヴァーグナーにせよ、共通項がある。それはイタリアでは、すべてが自然であるという認識である。

今回の滞在がショーペンハウアーの思索生活にもたらしたものは友人オザーン宛の手紙によると

「見たり経験したりすることは、読んだり学んだりするのと同じくらいに必要です。私には上流階級の人たちの生活が近くで見るといかに痛ましいものであるか、退屈が、すべての対抗手段にもかかわらず、彼らをいかにさいなんでいるかが特にはっきりとわかりました。フィレンツェの美術品は時間をかけてじっくりと研究しました。そしてイタリアの国民は私に覚え書のための多くの材料を提供してくれました」ということになる。経験と人間についての知識の増大がイタリア旅行の収穫なのであるが、彼は見たり経験したりすることに決して倦《あ》きることがなかった。それは生涯を通じて言えることである。すべて見たことと経験したことはひとまず整理されて、主著『意志と表象としての世界』の修正、推敲《すいこう》、補足のための素材に供された。

しかし彼は一八二三年五月には、病気の身でイタリアからドイツに帰還する。ところがミュンヘンでさらにいろいろの病気を併発しほとんどまる一年間そこで足止めをされてしまう。ミュンヘンのこの一年間は、彼の生涯で最も陰鬱《いんうつ》な期間として記録されている。右の耳がほとんど聞えなくなり、すばらしかったイタリア体験の反動も加わって、すっかりふさぎの虫にとりつかれてしまった。現在でいうところの鬱病である。バイエルンの高地の気候が、どうも肌に合わず、ついにはミュンヘンからバートガースタインの湯治場に療養のための転地をした。それは一八二四年も五月末のことである。今日でもなおバートガースタインの温泉組合の芳名録の中に、「ベルリンの住人アルトゥーア＝ショーペンハウアーはここに一八二四年五月二九日から六月一九日まで滞在した」という彼自身の書いた滞在記録を見出すことができる。

耳を除いて再び元の身体に戻ったショーペンハウアーは、九月に再びドレスデンに足を踏み入れ、さらにここで八ヵ月間暮らした。しかし昔の彼を知っている人々は、彼が随分変わったのにびっくりした。ショーペンハウアー自身もこの頃から「私はだんだん孤独を見すえる目をもつようになり、一貫して非社交的になった。そして私はこのはかない人生の残りを完全に自分自身のために献げ、二本足で歩いているというだけで、われわれと同じとみなされているような人間たちとはできるだけつきあわないという決心をした」と述べている。

冬にはヒュームの『自然的歴史』などの著作、ブルーノなどの作品の翻訳を考えたが、出版を引き受けてくれるところがなく、実現の運びとならなかった。『意志と表象としての世界』に関する書評はその間否定的なものが、いくつか現れた。しかしようやく作家のジャン＝パウルが、この書を「数年前出版され、満足するほどには賞賛を受けなかったように思われる」書として、「書籍案内」の中で好意的に紹介した。

失意と挫折の中で

約三年間の留守ののち、ショーペンハウアーは、一八二五年五月には再びベルリンの住人に戻った。そしてまる六年間そこにとどまるのである。

ベルリンへ戻るきっかけとなった理由は、主としてすでに見た通りお針子事件のまだ解決されていない審理のためであった。いったんはショーペンハウアー側の勝訴となったのであるが、マルケ側が上級審に控訴していたのである。その長びく裁判のやりとりには彼は精神的にかなりまいったらしい。その上審理はだんだんと彼の不利な方向に進んでいった。またジャン＝パウルの賞賛はあったものの、主著に対する相変わらずの反響のなさも彼の心をいらだたせた。

この失意と挫折の日々の中で、彼はスペイン語の勉強に没頭し、スペインの道徳哲学者バルタサール＝グラシアンの『神託提要』を重訳ではなくスペイン語の原典からドイツ語に直接翻訳している。この仕事を通して、ショーペンハウアーは、すでにマスターしていたギリシア語、ラテン語、フランス語、英語、イタリア語の他にスペイン語にも通じることになった。この翻訳は、友人のスペイン語学者カイルに名訳であると賞賛されたほどのものであるが、出版の引き受け手がなく、死後(一八六二)に刊行された。神託という書名になってはいるが、直接には神託とは関係なく処世術が警句風に三〇〇節にまとめられたものである。のちの彼の著作『パルエルガ－ウント－パラリポメナ』(付録と補遺)には、ところどころグラシアンの影響が認められる。

この時期には、自然科学者のアレクサンダー＝フォン＝フンボルトとも知り合いになった。しかしフィヒテのときと同様に、最初のうちは敬慕の念で接していたが、まもなく遠ざかってしまった。フンボルトがニュートンの信奉者であったことも、色彩論で彼に反対の立場をとるショーペンハウアーが離反する原因であったかもしれない。

ところで、彼はグラシアンの翻訳の他に、自分の色彩論のラテン語訳『生理学的色彩論』をも完成させた。これは『眼科学的著作小全集《スクリプトレスーオプタルモロギキーミノレス》』の第三巻に採用され、運よく出版された。ラテン語での出版は、読者を外国にも求める場合には、一九世紀になってもまだ行われていた。中世以来、ヨーロッパでは学問用語はラテン語という伝統があったが、一八世紀の啓蒙主義の時代に入って、各国とも自国語を使うようになった。哲学に関していえば、ちょうどカントの前までがラテン語の時代である。ライプニッツの弟子クリスチャン＝ヴォルフがドイツ語の哲学用語を案出したのは有名な話である。当時は現在よりも交通は、はるかに不便であった。だが一八世紀初頭までは、ヨーロッパ各国の大学間には、相互に自由な交流があった。ドイツのハイデルベルク大学の教授が、イギリスのケンブリッジ大学に行ったり、フランスのパリ大学で教えたあと、イタリアのボローニャ大学へという風《ふう》にである。それは大学での講義が各国共通のラテン語で行われていたからである。

その他第二次ベルリン時代には、ショーペンハウアーはカントの主著の英訳を意図している。だがこれは実現するにはいたらなかった。彼によると、もしもイギリスのような最高に知的な国に、カントを通して高度な思考がもたらされる場合、それはヨーロッパの精神文化にとって測り知れない恩恵となるはずであった。そこにはカント学者としてのショーペンハウアーの自信と意欲がみてとれる。「カントを翻訳することのできる者は、彼の哲学をすっかり自分のものにし、それが全身の血の中にまで入りこんだ者のみに限られる。換言すればカント研究のために髪の毛が白くなったような者、すなわちまさに私のような者だけがその任に耐えうるのである。なぜなら私が思うに、たまたま幸運なことに私の場合がそうであるように、カントの哲学と英語の知識がもうこれ以上は入りきれないというほどまでに同一人の頭の中に一緒になることは、こののち一世紀はないであろうから」と自負している。だが彼の数年にわたる出版努力も報われなかった。イギリスでは理解ある出版人や出資者がついに見つからなかったからである。

ベルリン脱出

カロリーネ＝メドンとの関係は相変わらず続いていたが、結婚する気持ちはショーペンハウアーにはなかったようである。むしろ当時一七歳であったフローラ＝ヴァイスという、美術商の娘との結婚を真剣に考えていたふしがある。彼にも安定した家庭生活、市民的な暮らしというものが、学者としての名声のために必要であるように思われたらしい。だが結局はこの少女との結婚もあきらめ、彼は終生独身をつらぬくことになる。それは厳しい学問研究に没頭するためにけ、あらゆる結婚生活に付随するあの自己犠牲が、邪魔になると考え直したためである。彼の言によれば「私は自分の権利を二分し、自分の義務を二倍にすることを欲しなかった」だけである。

ショーペンハウアーは、日頃このベルリンの不満足な状態からどうにか抜け出したいものと思っていた。どこか別の土地に活躍の場を求めたいものと心から願ったのであるが、明るい見通しは立たなかった。ところが、一八三一年になって、まったく予期せぬ出来事がベルリン脱出を可能にしたのである。それは伝染病の発生、つまりベルリンにおけるコレラの流行であった。ベルリンは道徳の上ばかりでなく、ついには物理的にも汚染され始めたというのが、彼の思いであった。というのはすべてに神経質なほど細心なショーペンハウアーではあったが、ベルリンでは二度も空巣にやられ、かなりの財産を奪われた苦い経験があったからである。そこで彼は今こそこの「呪われた都市」に別れを告げる潮時であると考えたらしい。コレラに対する恐怖、自分も死ぬかもしれぬという恐怖心から、町を脱出するなどあまりにも大げさなふるまいと、ひとは笑うかもしれない。だが決して笑い事ではなかった。それは彼のライバルのヘーゲルが、ショーペンハウアーの去ったのちしばらくして、実際にコレラにかかり、あっけなくこの世を去ってしまったことからもわかる。

ところでショーペンハウアーが、フランクフルトに新天地を求めた理由は、今なおあまりはっきりしていない。多分尊敬するゲーテの生地ということもあったろう。あるいは気候がよいと聞いていたためかもしれない。いずれにせよフランクフルトなら、ベルリンから遠く離れているので、コレラの心配がないと思ったようである。はじめはためしに暮らしてみて、気に入れば定住するつもりであった。ところがここでも気分は晴れず、健康状態が再び悪化したので、フランクフルトは約一〇ヵ月で切り上げ、さらに南のマンハイムに移ってみた。一八三二年七月から翌年六月まで、ちょうど一年間その地で生活した。

仕上げの時代

フランクフルト定住と家族からの手紙　この頃彼は、生涯の残りをどの都市で過ごすべきかを、はっきりさせなければならぬと心に決めたらしい。そのために彼は、マンハイムとフランクフルトの両都市の長所と短所を、数字を駆使して、文字通りの正確さで比較検討した。物価、食生活、気候、文化施設、風紀はどうかなど、実にこまかい点までもが、気長な観察を通して、記録されている。結局フランクフルト－アム－マインに凱歌《がいか》があがった。

この地を定住の地に定めたショーペンハウアーは、以後一八六〇年に亡くなるまで、約三〇年間どこにも動くことがなかった。七二年間の生涯の中で、フランクフルト在住の期間は彼にとって最長記録である。フランクフルトが好ましいことの一つに、ショーペンハウアーは多勢のイギリス人が住んでいることをあげている。これはカントの場合にも、あてはまることであるが、ドイツの知識人にはイギリスびいきが多く、この傾向は現在までも続いている。

ショーペンハウアーは、シェーネ－アウスジヒト（美しい眺めの意）街一六番地に住居を定め、いわば「よそ者」として、どうしても仕方がないとき以外は、街の人ともつきあわないということをモ

ショーペンハウアーの家　フランクフルト

ットーに、隠者のような生活に入った。彼によればフランクフルトは物価も安く気候もよく、そこに住んでいる人間を除外すれば、「快適な所《コンフォタブループレイス》」であるという。だから自分だけの社会、つまり創造的な孤独の中に閉じこもることによって、最良の暮らし方に導かれるというのであった。これに関して彼は次のように述べている。「フランクフルト市民にとって、フランクフルトは世界そのものである。……それは小さな、融通のきかない、内側からみると粗野な、都会きどりの、井の中の蛙的なアブデラ人国家（アブデラは古代ギリシアの都市で市民が愚かなので有名）である。私は彼らと近づきになりたくない。私は世捨て人として生き、そしてまったく私の学問のためにだけ生きるつもりである。」

ショーペンハウアーは永住の地をさがす過程で、再び家族と、初めは妹と、のちには母と、手紙での交渉をもつようになった。二人とも今は、ヴァイマールからボンに移り住んでいた。妹のアデーレは、もともと幸い多いというたちではなかったが、兄のような唯我独尊《ゆいがどくそん》的意識はもちあわせていなかった。

「私はいやいやながら生きております、年をとることや、私の身の上に定められたような人生の孤独を恐れます。私は結婚したくありません。なぜって私に適当な人が見つかりそうもないんですもの。実はひとりだけいたのですが、その人はもう結婚してしまっています。私はこのわびしさに耐えるだけの強さを十分にもっていると思います。しかしコレラが激しい痛みもなしに私をすべてのしがらみから解放してくれるなら、心からコレラに感謝したいくらいです。ですから私にはお兄様のご心配がよくわかりません。なぜってあなたも自分のことを不幸と感じていらっしゃるし、よく何かある力によって生に別れを告げたがっていたんですもの。」

これはショーペンハウアーが、コレラの心配を書きつづった手紙に対する妹の返事である。その頃の母の手紙を見てみよう。妹の報告によると彼女は当時自分の作品の全集刊行のために多忙な日々を送っていたらしい。

「お前が、お前の健康状態、交際嫌い、陰鬱な気分について書いてくるのを見ると、私の気持ちは、言葉で言い表せないほど、暗くめいってしまいます。なぜだかわかりますね。神様どうか息子を助けて下さい。闇でつつまれた息子の気持ちの中に光と勇気と信頼をさずけて下さい。」

この手紙には、たとえ仲違《なかたが》いをしているとはいえ、子を思う母の気持ちがよくにじみ出ている。やはり寄る年波のせいであろうか。

町の名物

ショーペンハウアーは、学問研究に没頭しながらも、生の衝動と意志の否定との間にその生活はゆれ動いた。単調な、ますます孤独の影を強める日常生活の中でも、彼の複雑な性格は変わることがなかった。そのうちに町の人たちは、彼があの有名なヨハナ＝ショーペンハウアーの息子であるということを知った。彼のプードル（むく犬）、彼のすその長い古風な感じの上着（それは彼の青春時代のモードそのままで、どんな新しい流行にも超然としたものであった）は、町の名物になった。この上着《ロック》は日本の大学の応援団が着用しているすその長い学生服、いわゆる学らんの先祖のようなものである。そのような格好で、ショーペンハウアーは飼犬プードルを引き連れて散歩に出かけた。カントの散歩はケーニヒスベルク市民にその規則正しさによって有名であったが、ショーペンハウアーの場合は犬と一緒のいわば主人と家来の姿でフランクフルトの市民の間に知れわたった。彼が大きな声で、ひとりごとを言いながら歩くので、道行く人々は時々けげんな顔をしてふり返ったらしい。いずれにせよ市民から変人と見られていたことは確かなようである。

ショーペンハウアーと犬
ブッシュ筆

　いくどかの小さな日帰りの遠足や、一回だけ四日間にわたって、コブレンツにいたるライン下りの旅行をした以外、かれはフランクフルトを離れることはなかった。ダンツィヒ、ハンブルク、ルアーヴル、ゴータ、ゲッティンゲン、ベルリン、ヴァイマール、ドレスデン、ヴェネツィアなど主だったところだけでも、一〇か所もの居住生活を経験し、自称「旅行魔」であった彼が、今や旅の疲れからか、「根の生えた茸《きのこ》」のように動かなくなってしまったのである。そして彼の場合にはその隠者的生活が、老人になってからではなく、四〇歳半ばといういわば男盛りの年代に始まったのである。それは彼の才能がまだあふれるほどの活力に満ちていた時期であり、彼の反対者たちや時代の諸悪に対する激しい憎悪に身を燃やすだけの覇気《はき》がまだ残っていたと思える時期であった。それなのに彼は隠棲《いんせい》し同時代の人々を自らわきに追いやったのである。このことは彼の思想を解明する上での重要な手がかりとなろう。

創造の時代と整備の時代

ショーペンハウアーは、同時代の人々に訴えるのをあきらめて、来るべき人々に照準を定めたのであろうか。一八三三年の秋には、主著『意志と表象としての世界』の増補第二版の出版を考え、それに載せる序文の草案を練っている。まず同時代の人々の無関心に触れたのち、「都合がよかったのは、出版業者が第一版の大部分を反古《ほご》にしたことであった。それによって第二版がまだ私の生きているうちに実現されたのであり、その版を私が自分の手で編集することができた。また私が無視されたおかげで却《かえ》って何物にもわずらわされずに過ごすことができた生活の中で、さらに深く考えたり発見したりもろもろのことをつけたすことができ、この第二版を内容豊かなものにすることができたのである」と書いている。

だが一八三四年の初頭には、この意図を変更して『意志と表象としての世界』に加筆して再版する代わりに、『エルゲンツェンデーベトラハトゥンゲン』(補遺的諸観察)という標題のもとに、主著に対する追加本一巻を出版する計画を立てた。そのための「序文」と、父に捧げる辞の草稿が、その頃書かれている。この『エルゲンツェンデーベトラハトゥンゲン』という標題は、いみじくも彼のその後のすべての著作の性格ないし形式を物語るものである。今や本屋《ほんおく》(主著)に対する増築、雨もりなどに対する非常措置の検討が、彼の活動の中心になった。つまり以後著作執筆の組立てが、付け足された観察、継続する観察、深められた観察を総合する方向に進んだのである。

体系を直観によって確立する時期、これをさらに整備する時期はショーペンハウアーには、はっきりしていた。前者は、幼年時代、青年時代、それに短期間の内的な準備の時代からなる最初の三〇年間であり、後者は若い時代がもたらしたおのれの著作を補い、拡大し、確認する仕事を行う後半の四〇年間であった。これは三〇歳で主著を完成させたショーペンハウアー自身についてあてはまることである。のちになって、彼は一般的には最初の四〇年(三〇年ではなく)は創造の時代、後半の三〇年は整備の時代といっている。いずれにせよ、ショーペンハウアーの世界観は若者のそれであった。

かつてショーペンハウアーは、『意志と表象としての世界』の刊行の運びについてゲーテに知らせたときに、はっきりと次のように書いている。「私は自分が今後よりすぐれた本、より内容豊かな本を書けるとは信じられません。人間にあっては、三〇歳、せいぜい三五歳までに世界から受ける印象によって、その人に可能な限りのすべての思想が呼び起こされ、それ以後彼が提供するものは、すべてこうした思想の発展にすぎないというエルヴェシウス（フランス啓蒙期の哲学者）の意見にまったく賛成です。」ショーペンハウアーはこのとき三〇歳であった。

『自然における意志について』出版　一八三五年五月に、彼はもう一度ブロックハウス社に『意志と表象としての世界』の売れ行きについて問い合わせた。その返事には、「お気の毒ですがこ数年あなたの本に対する購入希望はまったくありません。現在五〇部だけを残して、残りは全部反古に致しました。悪しからず」としたためられてあった。このような返事を受け取った結果、独立の本とするつもりであった『エルゲンツェンデーベトラハトゥンゲン』の発刊をあきらめた。だがそれはあくまでも一時的にあきらめるということで、決してくじけてしまったわけではなかった。

この意志の強さは、とても厭世主義者のよくするところではない。売れ残りの大部分を破棄処分にされるなどの経験をしたら、たいていの者は意志の弱い者でなくても意気消沈して、関心をまったく示さぬ読者の理解を得ようなどという気はなくしてしまうのではないか。この状態のもとで彼は企画した本の一部分を規模を縮小して、「自然における意志について」という標題のもとに書き改めたのであった。そして一八三六年ついに一七年の「怒りの沈黙」ののちに、この論文がフランクフルトのジークムント・シュメルバー書店より出版された。彼はこの『自然における意志について』の中で、自分の哲学が経験的諸科学によっても確認されたものであることを主張する。

彼の掲げた経験諸科学とは、目次の順序によれば、「生理学と病理学」、「比較解剖学」、「植物生理学」、「物理天文学」、「言語学」、「動物磁気と魔術」と「中国学」で、最後に「倫理学への関連」という章がおかれている。ことにこのうちの「植物生理学」と「物理天文学」の両章については、最も明快な叙述によって自分の教えの基本見解を思う存分に表現することができたと、のちになって何度もくり返している。ショーペンハウアーは当時の経験諸科学の中で、とりわけフランスの科学者たちの感覚論に触発され、フルーランによる大脳ならびに小脳の研究報告、カバニスの『人間の肉体と道徳に関する報告』などを読了している。しかしビシャの『生と死に関する生理学的研究』と題する著述には、最も感銘を受けたらしく、「ビシャと私は砂漠のただ中で抱擁しあったのである」と書いている。

これらの研究成果などを踏まえて、ショーペンハウアーは、『自然における意志について』の中で、すでに主著の中に示された洞察に従って、すべての自然現象を通じて現れる意志というもの、すなわち意志の客体化のプロセスを描写してみせる。「私の形而上学は、物理的諸科学（形而下の諸科学）と実際に共通の接点をもつ唯一の形而上学である」と、まず「序論」において宣言し、「だから私の体系は、従来のすべての体系のように、あらゆる現実や経験のはるか上空をただようものではなく、物理的諸科学が学習者を再び受け入れるような地盤つまり現実性というしっかりとした大地にまで降《お》り下《くだ》るのである」と続ける。

二人の坑夫論

すでにカントは「自然の作用の一番最初の源泉というものは明らかに形而上学の題材でなければならない」（『活力の真なる評価について』第五一節）と洞察した。ショーペンハウアーもこれに同意し、同時に自己の教説が自然科学によって証明された現実とも一致するのを引き合いに、次の点を指摘する。「物理学、つまり自然科学一般はそのすべての部門でそれぞれの道を進んでゆくうちに、最後にどうしても解明することができない一点に到達する。まさにこの点こそ形而上学的なるものであり、自然科学はこれを自分で超えることのできない限界として認め、そこにとどまり、それから先の対象を形而上学にゆだねるのである」と。そして彼は一方では物理学者を、他方では形而上学者を二人の坑夫と比較する。

彼の哲学一般について言えることであるが、こういう点が他の哲学者にはあまり見られぬ特徴といえよう。ショーペンハウアー自身が哲学の平易化とよぶところの比喩の使用である。「二人の坑夫がそれぞれまったく離れた別の地点から穴を掘り始める。お互いに地中深く途中で出合うように二本の坑道を掘り進めるのである。彼らは地中の闇の中で、ただコンパスと水準器だけを頼りに作業を続けてゆく。そしてついに相手のハンマーの響きを耳にし長い間待ちこがれていた喜びを味わうのである。これが自然科学、形而上学を探究している研究者たちとなぜ似ているかといえば、これらの研究者は今や、彼らが長いことさがしもとめてもえられなかった、あの天地のように隔たっていた物理学（自然科学）と形而上学の接触点に到達し、二つの学問の和解が始まり、両者の結合点が見出されたことを認識するからである。」近代的な自然科学の出現により、この結合点が彼の哲学に近づいて来たと、ショーペンハウアーは考えるわけである。また本書の中で、彼は、カントの批判精神を顧みずに形而上学をつくり出したヘーゲルおよびその一派を、哲学を商売にする輩《やから》、「哲学商売」の教授連と激しく攻撃している。

「人間学」と「中国学」

構成上は無機的自然から始まって植物界、動物界、人間界の順序で実証作業が進められていく。四つの主要な自然現象の中で明るみに出てくる「形而上的本体《メタフィイジクム》」は、意志であることが確認される。ところが全八章のうちの「言語学」、「中国学」などは、一見したところ自然における意志と特別に関係があるとは思われない。実際はどうなのか。ショーペンハウアーは「言語学」の章では、非常に多くの言語において、生物以外の物体の活動までが、「欲する」という言葉で表現されている実例をあげている。

英語の場合をとりだしてみよう。「英語では欲するという動詞 will が、すべての動詞の未来形を表現する助動詞となっており、これによってあらゆる作用の根底に欲望が横たわっていることが表現される。ところで認識能力をもたず生命のない事物の努力も、人間のあらゆる欲望や努力を表現する言葉 want ではっきりと示される。〈水はあふれようと欲している〉 the water wants to get out などがそれである。」ショーペンハウアーは、非常に多くの外国語に通じていたので、この章は実におもしろく、説得力がある章である。その上中国語の例まであげているのにはまったく驚くばかりである。つまり「言語学」の章では「火」、「水」、「川」、「木」というような自然の各部分の中にも根本的な原動力としての意志が存在することを指摘する。それはとりもなおさず自説の正当性の証明である。

「中国学」の章では、主として彼の意志の形而上学に支援を与える中国の宗教が論じられる。まず中国の三大宗教として老子の道教、孔子の儒教、それにインド伝来の仏教があげられる。それらはお互いに相争うことなどなく、平和に共存しており、相互の影響を通じて互いにある種の調和を保っている。中国皇帝は三教のすべてに帰依《きえ》しているものの、最近まではとりわけ仏教を奉じてきたとその実情を紹介している。ヨーロッパ人の思考方式においては、宗教の概念は、有神論という概念とほとんど一致しているか、少なくともきわめて密接な関係にあるため、中国やアジア全般についても、ひとは有神論という物差ではかることから抜けきれないことが多かった。だがショーペンハウアーは中国の三宗教が一神教でもなければ多神教でもないことをはっきりと指摘した。ことに仏教の教義には、ヨーロッパのキリスト教の一神論と対立する立場にあるショーペンハウアーの教説に非常に近いものがあった。

中国ではこの世が最高のものであるとする有神論的オプティミズム（ライプニッツの『弁神論』に代表される）とは対照的に、仏教の影響で「存在自体がひとつの害悪であり、世界は苦悩の舞台と見なされる」のである。彼は脚注で仏教についての詳細な知識を得たいと望む者のために、当時ヨーロッパ語に翻訳されていた東洋哲学仏教関係の文献二六冊を簡単な解説付きで列挙している。

しかしこの章の中で、最も彼が力点を置いたのは、南宋の朱子の哲学である。その頃は日本においても朱子学がさかんであった。朱子は「われわれの暦によれば一二世紀に生きた人であり、すべての中国の学者の中で最も有名な人である。なぜなら彼は先行者のすべての知恵を集大成し組織化したからである。」ショーペンハウアーはこのように紹介したあと、その教説の中から「天の精神は人類の意志であるところのものから導きだされる」という一節を引き合いに出す。ショーペンハウアーは、これによって意志が人間を含めて、全自然の中に出現するという自分の哲学の正当さが証明されたものとしている。

最後の「倫理学との関連」の章は、のちの倫理学の根本問題を先取りした付論《エクスクルス》ともいうべきもので、彼の倫理学が聖なるヴェーダのウパニシャッド（奥義書）や仏陀の宗教との関連においてまったく正統的なものであり、古来からの真正なキリスト教とも矛盾しないものであることを強調している。

ゲーテ記念碑とカント全集　一八三七年という年は、ショーペンハウアーにとってゲーテとカントにゆかりのある年となった。すでに五年前にこの世を去ったゲーテの記念碑建立《こんりゅう》の儀がゲーテ生誕の地フランクフルトで計画されると、ショーペンハウアーは市当局に「ゲーテの記念碑に関する意見書」を提出した。その中で彼は、精神の英雄であるゲーテの像は、全身像ではなく胸像こそがふさわしいと主張した。凱旋の英雄などと違って「頭で人類に貢献した」からというのがその理由であった。また台座には名前は彫らずに、ただ「ドイツ人たちの誇りとする詩人へ、彼の誕生の市より」と記すべきだとも具申したが、いずれも聞き入れられなかった。そしてできあがったゲーテ記念碑（全身像）はあまりよいできではなく、のちに美術史家フランツ＝クーグラーによって「国家的不幸」と酷評されるにいたった。

ゲーテの場合と違って、カントについてはショーペンハウアーの希望が、聞き届けられることになった。この年ケーニヒスベルク大学のローゼンクランツおよびシューベルト両教授が新しいカント全集の編集を開始した。ショーペンハウアーはローゼンクランツ教授宛に『純粋理性批判』のテキストは、カント自身によってのちに変更された第二版（一七八七）の方ではなく、第一版（一七八一）のものを採用するよう提案した。ショーペンハウアーのカント解釈によれば、第一版こそ正統であり、第一版においてはっきり主張されていた外界の対象は表象にすぎないとする観念論的立場が、第二版では不明瞭にされた。したがって第二版は全体として自己矛盾を含んでおり、「不具となり堕落した」のである。ローゼンクランツはショーペンハウアーのこの説をとり入れて、『純粋理性批判』の第一版を基礎として出版した。ショーペンハウアーはこれに対して非常に満足したが、しかし今日では一般に第二版が特別の場合を除いて定本としての地位を確保している。この点に関しては思想編の方で触れたいと思う。

『意志と表象としての世界』の初版発行後新たに生じたり、訂正などを施《ほどこ》したカント哲学批判は一八四四年の第一巻の新版においてつけ加えられるのであるが、この時点ではまだそこまでは行っていなかった。この新版の発行より前に二本の論文が先行する。つまり「人間的意志の自由に関して」と「道徳の基礎に関して」がそれである。

懸賞論文

一八三七年四月のことショーペンハウアーは、「ハレ文学新聞」紙上でノルウェー王立科学院が、「人間的意志の自由は自己意識から証明することができるか」という題で、懸賞論文を募集している記事を読み、これに応募することを決めた。こうして生まれたのが、「人間的意志の自由に関して」の論文である。翌年の五月の「ハレ文学新聞」に今度はデンマーク王立科学院の「道徳の源泉ないしは基礎」を問う懸賞論文の募集が発表され、これに応じて後者の論文が書きあげられた。そしてこれら二つの論文は、一八四一年になって『倫理学の二つの根本問題』という書名のもとに一冊にまとめられ刊行されたのである。

この間一八三八年には母ヨハナが七二歳で死去している。母は三回にわたって息子を相続人としないことを遺言したほどで、全体として二人の不和は最後まで解けなかった。

『倫理学の二つの根本問題』はすでに『自然における意志について』の最後の章「倫理学への関連」で着手されたテーマ「倫理学」を、結果的には懸賞論文に応募するという形で詳細にまとめたもので、彼の倫理学の体系論ともいえるものである。ノルウェー王立科学院に応募した「人間的意志の自由に関して」はみごとに当選したが、デンマーク王立科学院に送った「道徳の基礎に関して」の方は、彼の論文が唯一の応募論文であったのにもかかわらず、「近代の卓越せる哲学者たち」（フィヒテ、ヘーゲルなど）をこきおろした点などがさしさわって、落選の憂き目を見た。これはむしろデンマーク王立科学院の失点ともいうべきものである。なぜならこの論文にはショーペンハウアーのきわめて独創的な「同情＝共苦」の倫理学が人間愛の要《かなめ》として展開されており、かつ論旨は明快であり、出題者側の「問いの主旨を誤解した」などの一言によってかたづけられない重要なものを含んでいるからである。

こうした不当な扱いに激怒したショーペンハウアーは、落選を理由づける「浅薄《せんぱく》な判定文」を掲載してこの無礼な仕打ちに対する徹底的な反論をこころみ、それを「序文」の中核として『倫理学の二つの根本問題』を出版したのであった。そして「道徳の基礎に関して」の標題のすぐ下に、いかにもショーペンハウアーらしく、「落選」論文と明記したのである。ひとはこの皮肉な一語に当選と同じくらいの彼の誇りを感じるはずである。一方トロンヘイムのノルウェー王立科学院からは受賞の金メダルを授かり、その会員に列せられるという栄誉を受けた。これは長い間いわゆる「講壇哲学」の黙殺に耐えてきたショーペンハウアーに初めて与えられた公的な賞賛であった。

「人間的意志の自由に関して」は全体を五章に分け、次の順序になっている。第一章「概念規定」、第二章「自己意識の前における意志」、第三章「他の事物の意識の前における意志」、第四章「先覚者たち」、第五章「結論ならびに高次の見解」である。人間の意志が自由であるか、それとも必然性に支配されているのかといういわゆる、「自由意志《リベルムーアルビトリウム》」の可能性への問いはすでにギリシアの昔から行われており、ことに中世ならびに近世においては哲学の主要な問題の一つとして追求されてきた。すでに『意志と表象としての世界』の中でも時間・空間・因果性を超越した「物自体」としての意志は、それ自体においては自由であることが論じられている。だがこの意志の現れたものとしての人間は一時《いっとき》として自由であったことはなく、すべての行為に必然的に従属させられている。つまり物自体としての意志は自由であるが、現象としての意志は自由でないというのが、ショーペンハウアーの考えであった。

この人間存在の「自由」と「必然性」とに関する矛盾は、なんらかの形で解決されなければならない。「意志の自由について」は彼が二〇年の長きにわたって思索し続けてきたこの課題に真正面から取り組んだものと言うことができる。

「道徳的基礎に関して」は一言でいえば、それは各々の個体の性格によって規定されたもろもろの動機の集まりがあり、それらが総合されたものの上に道徳が成立するという内容である。つまりショーペンハウアーの倫理学は、カントのように「当為の倫理学《ゾレンスーエティーク》」ではなく、「存在の倫理学《ザインスーエティーク》」なのである。

　ではいったいどのような動機が存在するのであろうか。まず第一には利己的動機が考えられる。しかしこれは道徳的価値をもたない。ショーペンハウアーによれば、利己的動機からまぬがれて、他人の快、幸福を欲することのみを動機とすることが道徳的価値をもつ行為の条件なのである。彼はこのような行為が経験的事実として、実際に存在することを確認し、これを「同情＝共苦」という現象の上に基礎づける。なぜなら同情（共苦）こそ自己と他者を区別しないところに生じる行為であるからと考えたのであった。このことから他者の快を侵害しない公正さと他者の快を増大させる人間愛とが、倫理的根本現象として重要になる。彼はそれを物自体の世界におけるあらゆる存在の本質的同一という自己の形而上学に関連させ、これによって道徳の基礎づけを試みる。すなわち自己と他者を区別しない同情（共苦）こそは、「あらゆる存在の本質は同一である」という認識と一致し、矛盾するところがなく、道徳的に最高のものである、と考えた。

ショーペンハウアーの使徒たち　一八四〇年代に入ると、ベルリンの民間学者ユリウス＝フラオエンシュテットが彼のもとに現れた。のちになってショーペンハウアーの「使徒たち」とよばれる一群の弟子たちの最初のひとである。このひとはショーペンハウアーの死後、彼の最初の全集（六巻）を編集している。

またこの頃から彼のまわりに集まり始めた人たちほとんどが民間の哲学愛好家たちで、中でも法律関係者が多かった。事物をありのままに、客観的に観察する法律家の思考態度が、ショーペンハウアーの実務的感覚とマッチしていたためであろうか。ことにマクデブルクの法律顧問官フリードリヒ＝ドルグートは、ショーペンハウアーの哲学を世間に広めるべく、小はパンフレット執筆から、大は論文・著書にいたるまであらゆる手段を通して、その福音を説いた。『観念論の誤まれる根拠』（一八四三）では、ショーペンハウアーを「文化精神史のなかで第一位を占める真の体系的な思想家」として賞賛、「世界史が後悔の涙の下にもう一度、彼の名前を刻む日が来るであろう」と述べている。この他ドルグートのものとしては、ショーペンハウアーを弁護した『真の姿におけるショーペンハウアー』（一八四五）、ショーペンハウアーの哲学体系を解説した『統一としての世界』（一八四八）、ショーペンハウアーを「哲学教授連中のカスパー＝ハウザー」（カスパー＝ハウザーとは伝説上の捨子の名前で、しばしばアウトサイダーの代名詞として使われる）と名づけた『弁証法と同一体系の根本的批判』（一八四九）などが残っている。

この二人の他に、初期のショーペンハウアー学徒として地裁判事ヨハネス＝アウグスト＝ベッカーと司法官アダム＝フォン＝ドスの名前をあげることができる。前者ベッカーは、ショーペンハウアー自身の言によれば、「最もよく私の哲学を理解している」のであるが、「残念ながら書かない」のであった。ショーペンハウアーはこのことを非常に惜しんだ。あることに最も通じているひとが、著作をものにしないということは今もなお洋の東西を問わずによくあることである。ドスはその頃まだ二〇代の若者であったが、ショーペンハウアーにその将来を嘱望《しょくぼう》されていた。ドスは「ショーペンハウアーを読むべきだ」と誰彼かまわずに説いて廻るので、「使徒ヨハネ」と師によばれていた。孤独なショーペンハウアーのまわりにもこれら少数の崇拝者を核に、徐々にではあるが、年ごとにその理解者がふえていった。

夕映の中で

主著とその付属品

一八四四年には、ブロックハウス社との長い交渉の末に、第一巻の補足ともいうべき『意志と表象としての世界』の第二巻（続編）と、さらにその上、第一巻（正編）の新訂再版が印税なしで出版された。ショーペンハウアーはこの時五六歳であった。彼はこの著書を今はただ一人の肉親である妹に送った。そして息つく暇もなくエッセー風の『パルエルガーウントーパラリポメナ』（付録と補遺という意）の執筆に取りかかったのである。

主著の売れ行きは、ショーペンハウアーの期待に反して、今回もまたはかばかしくなかった。一度彼はこの件でブロックハウス社に問い合わせたことがある。ブロックハウスの手紙は、「まことに遺憾ながら、私といたしましては、まずい取引をしてしまったとだけしか言いようがありません。これ以上の詳しいご説明はご免こうむります」という内容であった。ちなみに出版部数は第一巻が五〇〇部、第二巻が七五〇部と記録されているから、次の版（第三版）が出た一八五九年までの一五年間に、平均して一年間に四〇冊から五〇冊くらいの売れ行きといったところであろう。だが彼はそれにもめげず、一八四七年には『充足理由律の四根について』の増補第二版を、フランクフルトのヘルマン書店から刊行した。

一八四九年には、ボンで妹のアデーレが死去した。彼女は一生を独身で通し、享年五二歳であった。もともと母と違って物静かな兄思いの妹であったから、ショーペンハウアーの悲嘆はたいへんなものだったらしい。

一八五〇年、彼は「毎日こつこつと六年間にわたって書き続けて来た」大小さまざまのエッセーならびに断片の集大成『パルエルガ-ウント-パラリポメナ』の執筆に終止符を打った。最初フランクフルトのヘルマン書店にその出版を申し込んだが、この書店はそれを断わった。ブロックハウス社宛の申込も、同様に断わられた。ゲッティンゲンのディートリヒ書店も彼の出版申込を拒絶した。ちなみにショーペンハウアーは、これら三度の申込に際して、いずれも原稿料を放棄していた。そしてようやく、弟子のフラオエンシュテットの尽力により、結局ベルリンのA・W・ハイン書店が、出版を引き受けてくれることになった。こうして一八五一年『パルエルガ-ウント-パラリポメナ』が、彼の最後の著作として刊行されたのである。この著作を彼は「私の末っ子」とよび、「この子の誕生によって私のこの世における使命を果たし終わった」と述べた。ちょうどハムレットがその運命について語ったように、ショーペンハウアーも「残るは沈黙」という心境に到達したのである。

ところでこの書はその書名が示すごとく、ショーペンハウアーにとって、あくまで主著『意志と表象としての世界』の付属品（付随的著作）なのであった。だが皮肉なことに、彼の出版物としては

ショーペンハウアーの自画像

初めてベストセラーとなり、世間的な成功をおさめることになった。この成功によって彼の名は、広くドイツ全土に知れわたったのである。その反響は、大学で哲学を教える講壇哲学者たちの間からは聞かれなかったが、まず一般市民の間より起こり、ことにベルリンの新聞編集者E・O・リントナーの共鳴を得たことによって、その輪を拡げていった。リントナーの称賛に続いて、ハンブルクの「季節」という雑誌が、『パルエルガ』の最初の批評を掲載した。

ここでこの書 Parerga の読み方に触れておこう。日本では今までパレルガとよびならわされてきたが、正しくはパル、エルガと区切って言わなければならない。この言葉はパル（かたわらの）とエルガ（仕事）の二個のギリシア語から合成されてできたもので、パルエルガと読まなければ意味が通じないのである。そこで私はあえて、日本の慣用読みに従わずにパルエルガという表記を用いた。この間の事情は、「間髪をいれず」という熟語が、正しくは「カン、ハツをいれず」なのに多くの人に「カンパツ」と読まれているのに似ている。

一八五二年には、イギリスの「ウェストミンスター――レヴュー」の四月号に、ジョン＝オクセンフォードというひとの「ドイツ哲学における偶像破壊」と題する論文が発表された。これは徹底的にショーペンハウアーを論じたもので、外国人による初の紹介記事であった。この論文は、さらにリントナー夫人によってドイツ語に翻訳され、ベルリンの「フォス新聞」に、「外国におけるドイツ哲学」という題で発表された。

ところで『パルエルガ』は、多分売れないだろうという出版社の予想を見事に裏切り、以後はロングセラーとなっていくのである。今日でもこの書はショーペンハウアーのものとしては、一般読者層に最もよく知られており、また事実最もよく読まれている本である。

最良の入門書　ではいったいどのような内容のものであろうか。日本ではショーペンハウアーの**『パルエルガ』**作品というと、昔から「知性について」、「読書について」、「自殺について」、「女について」、「幸福について」などが有名である。これらは文庫本として出ており、なじみの深いものであるが、いずれも『パルエルガ』からの翻訳である。「……について」という表題からもわかるように、これは現実のさまざまな問題に対するショーペンハウアーの「哲学小論集」で、自然と人生のほとんどあらゆる部分にわたり、多くの鋭い見解が示されている。

『パルエルガ』の中でもいちばん分量も多く、内容も充実しているのが、「生活の知恵のためのアフォリズム」Aphorismen zur Lebensweisheit で、これはドイツ本国では今なおレクラム文庫の一冊として、多くの読者に読みつがれている。その第六章には、「広い意味で、ひとの一生の最初の四〇年間つまり三〇代までは本文を提供する時期であり、続く三〇年間はこの本文に対する注釈の時期と言える。この注釈が本文の真の意味と脈絡を、本文の含む教訓とこまやかなニュアンスとともに、はっきりとわれわれにわからせてくれる」とある。もちろんこれは人の一生に対する一種の比喩であるが、同時にショーペンハウアー自身のこの書に対する見解を示しているともいえよう。

この論文も、書名『パルエルガーウントーパラリポメナ』が意味するように、主著『意志と表象としての世界』の注釈なのであるが、ショーペンハウアー哲学をわかりやすく理解させてくれるという意味でこの本は最良の入門書でもある。また根本になる思想は三〇代までにできあがるというのは、彼の持論で、若者は直観によって物の核心を捉えることができるというのであった。にごりのない眼であらゆるものを観察できるのは青少年時代の特質である。その特質を生かして「本質的なもの」を考えることをしないとしたら、それは青年の名に値しないのではないか。ショーペンハウアーは、そう考えて本書を哲学の専門家でない一般の人たち、特に若い読者を念頭において執筆した模様である。

「生活の知恵のためのアフォリズム」

すでに見たように彼の主著は、三〇歳にして早くもできあがったのであり、彼の哲学体系の根本はこの時、すでに確立した。したがって彼は生涯を通じて主著の思想については、何も変更する必要はないという立場を堅持した。主著にもられた思想こそが骨格であり、本屋《ほんおく》であり、その後の彼の著作はすべて補強であり、増築であるとした。しかし主著の意志形而上学で論じられる意志否定の哲学をそのまま現実の日常生活に応用するには、少しばかりの改築も必要であった。

「生活の知恵のためのアフォリズム」を書くにあたって、ショーペンハウアーは生の肯定を前提とするかのような立場をとった。「まえがき」の冒頭で「私は生活の知恵という概念をまったく、それがもっているそのままの内在的意味に解する。つまり人生をできるだけ快適にかつ幸福にすごす技術という意味にである。そのための方策を幸福論と名づけることもできよう。こういう見方からすれば生活の知恵とは幸福な生活への指針ともいえる」と述べている。そのような指針を与えるためには、ショーペンハウアーも、いったんは、「高度の形而上学的-倫理学的立場を離れ、普通の経験的立場にとどまり、しかもその立場に付随する誤謬《こびゅう》をそのままにして」おかなければならなかった。しかしこれによって彼本来の哲学的見解を変更したわけではない。ただ現実の社会の姿をよりはっきりと描き出すために、あたかも自分の哲学的見解を無視するかのような立場をとったのである。そうすることによって結果的にはやはり彼の哲学のもつペシミスティックな基本的見解を補強する新たな論証材料を生みだすという効果をもたらした。

日常生活のもろもろの事実をありのままに受け入れ、同時にそれぞれ異なる個人のうちにある可能性をさぐりだす。つまり運命のもてあそびから身をまもったり、俗悪な境遇より抜けだすにはどうしたらいいか。また苦悩に満ちた存在を苦悩に耐えられるようにするにはどうしたらいいか。ひとの求める幸福はいったいどこにあるのか、真の幸福とは何かを教えるのである。この限りにおいて本書は、真の生き方がいつかは到達する目標への道しるべを示しているといえよう。最初にあらゆる事物のむなしさ、この世の花といわれるすべてのものの空虚さを確信する。そして笑いながらこの世のごまかしを見下すあの特別な心の安静に到達する方法が示されるのである。苦悩とむなしさに満たされたこの世の中で、何ものにもとらわれない安静な心を得るためには、何よりもひとは孤独に耐え、そのうえ孤独を愛する精神的境地を体得しなければならない。ここにはのちにキルケゴール、ニーチェ、トーマス＝マンなどに共通する孤独な超人という思想のめばえがみえる。ショーペンハウアーはこの書で少しくどいくらいにつねに孤独でいることを強調する。ちなみに「生活の知恵のためのアフォリズム」は全体で以下の六章からなっている。

第一章「基礎的分類」、第二章「人とは何であるか、つまり人にそなわるものについて」、第三章、「人が所有するものについて」、第四章「人が他人に与える印象について」、第五章「いろいろな教訓と原則について、A一般的なこと　Bわれわれ自身に対するわれわれの態度に関して　C他人に対するわれわれの態度に関して　D世のなりゆきと運命に対するわれわれの態度に関して」、第六章「年齢の差異について」。

これらの中で分量からいって全体の四割を占める第五章「いろいろな教訓と原則について」は、他の章のようにまとまったものではなく、機知、皮肉、警句などがちりばめられた箴言《しんげん》集の形をとっている。だからこれだけとりだして独立して読むこともできる。第六章の「年齢の差異について」

は、ショーペンハウアー自身の精神的自伝ともいうべきものである。

一九世紀半ばの情勢

一八五四年、この年はショーペンハウアーのまわりに一人の有名な芸術家が初めて名を連ねた年である。最初の頃ショーペンハウアーを慕って集まってきた崇拝者たちは先にも述べたようにほとんどが法律家であったが、一八五〇年代に入ってからは芸術家の間からも、ぽつぽつと彼の哲学に関心をもつ人々が出始めていた。その先頭をきって、直接ショーペンハウアーにコンタクトを求めてきたのが、後世から「歌劇の王」とよばれる音楽家リヒャルト=ヴァーグナーであった。またこの年には、のちにショーペンハウアーの遺言執行人となるフランクフルトの弁護士ヴィルヘルム=グヴィナーが、それまでの表面的な交友関係から一歩ふみ込んで、ショーペンハウアーに親しく交際を求めてきた。このひとの誠意あふれる人柄と師に単に盲目的に従属するのはなく、思ったことははっきりと言う態度は、徐々にショーペンハウアーの信頼をかちえていく。事実最晩年には、グヴィナーはショーペンハウアーの最も信頼する唯一の話し相手になった。こうしてグヴィナーは、遺言作成に立ち会ったり、ショーペンハウアーの死後には初めてその伝記を著した。

一八五四年はまた、ショーペンハウアーが目のかたきにした有名な敵対者のうち最後の生き残りで、彼からは最も低く評価されたシェリングがこの世を去った年でもある。

ウォールデン池と散歩道　著者撮影

目を外に転じてみると、日本ではこの年（安政元年）、前年浦賀に黒船で来航したペリーが、再び七隻の艦隊を率いて神奈川にやって来た。そのため幕府は、やむをえず日米和親条約を結び、下田・箱館の二港を開港し、それまでの鎖国状態に終止符をうった年である。こうして日本は、ようやく近代化にむけて胎動していくのである。またアジアの諸国には欧米列強が進出して来てもいた。

ヨーロッパの国々は、市民革命と産業革命を通して、一九世紀前半には、近代国家としての礎石をしいたが、産業の近代化に伴うさまざまな矛盾が、ぼつぼつ出現していた。

ショーペンハウアーの生活の周囲では、これといって初期資本主義の矛盾などあまり感じられない。だがこれより数年前（一八四八）にはマルクスとエンゲルスの『共産党宣言』が世に出て資本家たちの胆《きも》を寒からしめていた。

アメリカではこの頃奴隷制に反対する動きが散発的に発生したが、まだ奴隷制そのものが廃止されるまでにはいたっていない。東部地方では産業の近代化に伴い、大資本のもとに労働者として吸収されていく農民たちが急増していった。

アメリカの詩人ヘンリー＝D＝ソローが、そのような物質主義的近代化に反旗をひるがえして、マサチューセッツ州のウォールデン池のわきに小屋を建て、自給自足の生活をしたのも、人間がどの程度まで精神的に自由で束縛《そくばく》のない生活を送ることができるかを実験したかったからである。このときの彼の体験を綴《つづ》ったのが『ウォールデン、あるいは森の生活』であり、この年に出版された。

この本は明治以来、日本でも多くの人に読みつがれている。ソローはショーペンハウアーよりは実践的な人間ではあったが、二人の近代文明に対する批判精神には非常に似通ったところがある。ソローの友人エマソンがウパニシャッドの思想に感嘆したことと考えあわせてみると、ソローもおそらくウパニシャッドを読むか聞くかしていたことであろう。ショーペンハウアーがウパニシャッドの哲学に傾倒し、自分の哲学の支えにしていたことは後で詳しく触れるが、こうしてみるとソローとショーペンハウアーの関係も単なる偶然的なものとかたづけるわけにはいかない。

ショーペンハウアーとヴァーグナー　さてここでショーペンハウアーとヴァーグナーの関係に触れておこう。ヴァーグナーの名が初めてショーペンハウアーの目にとまったのは、一八五四年に楽劇詩『ニーベルンゲンの指環』が、ヴァーグナー自筆の「尊敬と感謝の念をこめて」という献辞付きで送られてきたときであった。ショーペンハウアーはこれに対して特別な感想は書き送らなかったが、のちに遺品の中に見つかったこの台本のページには、言葉の間違いの指摘や、ところどころかなり酷《ひど》い批評が書きつけてあったといわれる。生涯モーツァルトとロッシーニの熱烈なる信奉者であったショーペンハウアーは、かれらとは異質なヴァーグナーの音楽には全然関心を示さなかったらしい。無関心というよりは、ヴァーグナーの音楽に好感がもてなかったといった方が適当であろう。それは彼がヴァーグナーを評して「この男は詩人ではあるが音楽家ではない」と言っていることからもわかる。

あるときショーペンハウアーはグヴィナーと一緒に『さまよえるオランダ人』を観劇したが、見終わった後、かれに「ヴァーグナーは音楽の何たるかを知らぬ」ともらしたという。こうして二人の関係は、ショーペンハウアーが直接に接触することを避けたため、まったくの一方通行に終わった。しかしヴァーグナーのショーペンハウアーに対する情熱的な敬愛は終始変わらず、ショーペンハウアーの自分に対する無関心さえもが、ヴァーグナーには感激の因《たね》となった。「私がショーペンハウアーにどんなに影響を受けたかを彼が少しも知っていないということはなんとすばらしいことでしょう」と逆説的な表現で述べている。

筆者はショーペンハウアーを知れば知るほどヴァーグナーがショーペンハウアーの精神に最も近い一人であったという思いにかられる。ショーペンハウアーが、もしも彼を受けいれていたならば、ヴァーグナーは疑いもなく彼の最大の弟子になっていたのではなかろうか。たとえば『ニーベルンゲンの指環』はしばしば「ショーペンハウアーの真似事《まねごと》」と当時はインテリ層に指摘され批判された。このことはそれほどまでに思想内容が似ていたということのあかしである。だがこの作品の構想は、ヴァーグナーがショーペンハウアーの一字一句も知らないときに、つまりショーペンハウアー哲学を知る以前にすでに完成していたのである。ヴァーグナーがショーペンハウアー学徒として書いた最初の作品は『トリスタンとイゾルデ』である。実際ヴァーグナーほどショーペンハウアーの「音楽の形而上学」を深く理解し、かつ自分の作品の血肉とした芸術家は他にいない。

ヴァーグナーの自伝『わが生涯』によると、彼がショーペンハウアーの哲学を知るようになったのは、不惑の年を過ぎた四一歳のときで、それは一八五四年九月のことであった。当時彼はスイスのチューリヒに滞在して四部作『ニーベルンゲンの指環』(①ラインの黄金、②ヴァルキューレ、③ジークフリート、④神々の黄昏《たそがれ》)の仕事に着手しており、最初の「ラインの黄金」の総譜ができあがり、次の「ヴァルキューレ」の作曲草案づくりに没頭していた。こうしたときに詩人ゲオルク＝ヘルヴェークが『意志と表象としての世界』をもってきて、この本が出版後三〇年以上もたって最近再発見された興味深い経緯《いきさつ》を伝え、彼に推薦した。ヴァーグナーは一読するやこの書から深い感銘を受け、やがてその研究に没頭するようになった。翌年の夏までにこの部厚い本を四回（！）も読んだと記されている。

ショーペンハウアーの意志否定の哲学の中には、音楽家の心の琴線《きんせん》に触れるものがあった。ヴァーグナーはシェリングやヘーゲルを読むことによっては充たされなかった何ものかが今や自分の体内から氷解するのを感じた。意志の滅却《めっきゃく》ならびに完全なる諦念《ていねん》こそが世界の把握につながるというショーペンハウアーの思想は、ヴァーグナー自身も以前から自己の内部に朧《おぼろげ》気ながらもっていたものであった。『ニーベルンゲンの指環』におけるヴォータン(古代ドイツ神話の最高神)の諦念や神々の世界の没落というテーマは、先にも見たようにショーペンハウアー思想とは無関係に構想されたものである。このことはヴァーグナー自身が一種の意志否定に似た考えをもっていたことを示している。さらにもっとさかのぼれば『さまよえるオランダ人』から『ローエングリーン』にいたる歌劇に共通する生の否定によってもたらされる救済というテーマも同様に解釈できるのではなかろうか。

ヴァーグナーはショーペンハウアーの学説に接することによって、彼自身の詩的構想においてはすでになじみになっているところのものが、哲学的理論においてもよく納得できたのであろう。「かくて私は、私のヴォータンをはじめて理解し、深い感動を受けて、ショーペンハウアーの著作にいっそう詳しく取り組むことになった」のである。

こうしてヴァーグナーのその後の作劇にショーペンハウアーの意志否定の思想が決定的な影響を与えることになった。彼自身のいだいていた「諦念」の人生観に理論的支援を得たヴァーグナーは、『トリスタンとイゾルデ』『ニュルンベルクのマイスタージンガー』『パルジファル』の三作でそれを明確な形で、劇化するのに成功している。生前から「野心家」「強烈な意志の持ち主」「行動の人」などといわれ続けたヴァーグナーではあるが、不惑の年になって諦念の思想を強くいだくようになったらしい。これには人妻マティルデ＝ヴェーゼンドンクとの恋愛の影響もあげられよう。当時彼は彼女との恋愛にふけりながら、これを断念しなければならないと痛感していたからである。また彼の理想主義的傾向の強い作品が人々に容易に理解されなかったことも諦念に傾いた一因かもしれない。このような時期に『意志と表象としての世界』が彼の前に現れたのであった。強烈な意志の持ち主であったからこそ、彼はかえって意志否定の哲学に深い共感をおぼえたのではなかろうか。

音楽は最高の芸術

それではここでショーペンハウアーと音楽との関係について触れておこう。伝記によれば彼は毎日食後にフルートを吹いたようである。フルートを吹くショーペンハウアーの姿など、一般のひとにはちょっと想像しにくいのではなかろうか。フルートとペシミストのショーペンハウアーのことは、ニーチェもその取り合わせの妙に感心して、その著『善悪の彼岸』の中で言及している。

ショーペンハウアーが音楽に造詣《ぞうけい》の深かったことは、若い頃より楽譜を自由に読みこなしたり、モーツァルトの音楽に蘊蓄《うんちく》を傾けたりすることで知られていた。だから主著の中に「音楽の形而上学」という形で、彼自身の音楽哲学が扱われているのも別に不思議ではない。彼は音楽を世界意志

ヴァーグナー

そのものの表現として高く評価する。この間の事情がヴァーグナーの『ベートーヴェン』（ベートーヴェン生誕百年記念祝賀論文）に「ショーペンハウアーは、音楽が造形芸術や文学とまったく違った性質をもっていることを明らかにし、それによって、初めて哲学的な明晰《めいせき》さをもって他の諸芸術に対して音楽が占める位置を確認し、かつこれを記述した」とある。音楽が他の芸術と異なった特殊性とは、音楽のもつその抽象性のことである。抽象性とはここでは一般性、普遍性のことである。

ショーペンハウアーは「音楽はいたる所で理解を得ることのできる真に一般的な言語である。そのため音楽はあらゆる国で、すべての時代を通じて熱心に絶えず話題にされて来たし、意味深く多くを語る旋律は、地球上のいかなる場所にも広がって行ったのである。旋律は頭脳に対しては直接何も語りかけてこないが、心に対しては多くのことを語りかけてくる」と、述べている。つまり音楽は諸概念の仲介を必要としないで直接それを聞く人に語りかける芸術である。

これに対して文学では、その唯一の素材は具体的な概念であり、それら概念の使用によってある観念が、読者に伝わるのである。したがって「犬」と「ドッグ」は、実際には同一物とは言えない。言葉があるだけ概念の数は存在するから、たとえば英語のわからないものにはアメリカ文学は理解されないということになる。たしかに翻訳という便法があるが、それはあくまで間接的な手段であって、それによってだいたいの意味は通じても原作の印象はただ弱められるばかりである。翻訳家に対するショーペンハウアーの警句「汝《なんじ》、非礼なる翻訳者よ、すべからく翻訳に値する書物を、みずから著し、他人の著書の原形をそこなうなかれ！」などというのは、こういう彼の思想が背後にあって発せられた言葉である。

ところが音楽には翻訳の必要はないのである。ロシア語がわからなくても、ロシア民謡がわれわれの胸を打つのはそのためである。絵画の場合はどうであろうか。これもやはり具体的な個々の事物の形象の模写であって、本質の表現ではないという。音楽だけが直接、意志そのものを表現する。プラトン流に言うならば、他の諸芸術がただ影について語るだけであるのに反して、音楽は本質について語る。つまり音楽はそれ自身がイデーである。これが彼の「音楽の形而上学」の根本思想といえよう。この他具体的な彼の音楽寸評にも興味深いものがある。「短調のアレグロは、靴ずれが痛いのに踊っているようなもの」などというのはどうであろうか。

ショーペンハウアーとキルケゴール　一八五五年には、それまで文通のあったロベルト＝フォン＝ホルンシュタインという「リヒャルト＝ヴァーグナーの弟子の若い作曲家」が訪ねてきた。このひとはのちに『ショーペンハウアーについての思い出』を残したひとである。その中でホルンシュタインは、師ヴァーグナーが、いかにショーペンハウアーに心酔していたかを生々しく記述している。「ショーペンハウアーに対するような熱狂をもってある芸術家またはその道の権威者を先生（ヴァーグナー）が賞賛するのをいちどとして聞いたことがなかった」という。

またこの年には後世から実存主義哲学の祖とされるデンマークの思想家キルケゴールがこの世を去っている。ショーペンハウアーの「苦悩」とキルケゴールの「絶望」とは、共通的な特徴をもっているが、両哲学者の関係はどうだったのであろうか。最近の研究によれば、キルケゴールは一八五三年につまり自分の死の二年前に、ショーペンハウアーの書物を初めて読んだということである。

ショーペンハウアーとの出会いは、キルケゴールの生涯の最後の時期に実にふさわしい性質のものであった。ショーペンハウアーの意志的世界観が、キルケゴールがそれまで続けて来た近代科学、近代哲学批判にさらに新しい基礎づけを加えたことを意味するからである。一八五四年の教会闘争を始めるまでの約一年間、彼の日誌にはショーペンハウアー思想についての感動や共感を示すさまざまな記述が見られる。また闘争中に刊行し続けた小冊子『瞬間』にはショーペンハウアーの名前は直接には見えないものの彼の影響のあとがはっきりと表れている。短い期間ではあったが、ショーペンハウアーはキルケゴールの心をすっかり捉えたらしい。

近世に入ってヨーロッパ精神はすっかり理性の支配下に置かれた。その理性を基盤として自らを万能と思いあがった近代科学の妄想性と楽天性とに対し、理性だけでは解明できない世界ならびに人間の真実のあることを究明した点、ここに両者の共通点があった。そしてそれら真実についての告知としてできたものが、「苦悩」であり「絶望」であったといえよう。二人とも世界と人間とを理性を通して見る立場に対抗して、意志を通じて関わる立場に立っていたのであり、それもこれ以上は無理と思われるほどまでに、積極的に意志を問いつめたものであった。二人とも近代文明批判の先駆者である。

「私も目標に到達した」

一八五六年には、ライプツィヒ大学の哲学科が「ショーペンハウアー哲学の論述と批判」という課題で懸賞論文を募集した。

一八五七年には、初めてショーペンハウアーの哲学が、大学の講義で取り上げられた。すなわちボン大学のクノート教授が、「ショーペンハウアー学派の哲学について」と題する講義を行い、ブレスラウ大学の自然科学者ケルバー講師が「ショーペンハウアー学派の哲学、ならびにそれと自然科学との連関について」という題で講義を行った。

外国では、イギリスのあとを受けてフランスで、ショーペンハウアーのいくつかの作品が翻訳された。イタリアでは「ショーペンハウアーとレオパルディ」の比較論が出版されたりした。この頃から『パルエルガ』の人気が定着して、ドイツ各地から一般の人たちの訪問も相次ぐようになった。劇作家フリードリヒ＝ヘッベルもそれら訪問者のうちの一人であった。無名の人たちからの称賛や敬意を書きつらねた手紙も届くようになった。今でいうファンレターである。それは一八五八年の七〇歳の誕生日に頂点に達したという。

二月二二日に七〇歳の祝宴が催された。そのとき、ブランデンブルクの大農場主で、作家フォンターネの友人でもあったヴィーシケより大きな銀盃《ぎんぱい》が彼に贈られた。それには「真理だけが何ものにも耐えて生き残る。真理だけが永続し、そしてそれは不滅のダイヤモンドである」という銘が刻まれてあった。ショーペンハウアーは己れの過去をふりかえってこの銘に思いをいたし、非常に感激したという。ショーペンハウアーの油絵肖像画もできあがった。しかし公の側の「ベルリン王立科学アカデミー」からの会員推挙に対しては、これを断固拒絶した。「なにを今さら」という気持ちが先に立ったのであろう。まことにここにはショーペンハウアーの面目躍如《やくじょ》たるものがある。またブロックハウス社より、主著の第二版が売り切れたので、第三版を刊行したいという申込を受けている。秋になるとショーペンハウアーは、この第三版を出すにあたって必要な仕事に取りかかった。

そしてこの三版は、翌一八五九年、彼の存命中に印刷され、しかも第一巻（正編）、第二巻（続編）とともに同時に発行されたのである。第三版の序文の中には、彼の生涯のモットーでもあったペトラルカの次の言葉が、ラテン語のままで記されている。「もしも一日中走り続けた者が、夕暮になって目的地に到着するなら、もうそれだけで十分である。」

長年にわたる講壇の哲学教授たちの黙殺や著作の慢性的な売れ行き不振に耐えてきた彼の上にもようやく夕日が差し始めた。彼の生涯の夕映が、彼の名声の曙光《しょこう》となることをショーペンハウアー

ネイの作った胸像

は自覚していたらしい。ペトラルカの言葉のあとに、「私もついに目標に到達した。生涯の終わりの段階になって、私は自分のして来た仕事が効力を発揮し始める状態を目にし満足を覚える。望むらくはこれが永続《ながつづ》きするように」とある。この頃はまだ健康の方も心配するほどのことは何もなく、「十分な睡眠と丈夫な胃腸が私を長生きさせることであろう」ともらしている。そして自分の強健さをなかば誇りにして、他の人たちにどのようにしたらそうなれるかの養生訓なども垂《た》れている。

最後の引越もこの年に行われた。家主とのいさかいがもとで、一六年間にわたって間借りしていたシェーネ‐アウスジヒト街一七番地のアパートから、隣の一六番地の家の一階に移った。そしてこれがついの住家《すみか》となった。この頃彼は新進の女流彫刻家エリザベート＝ネイ（のちにアメリカに移住）の申込を受け大理石の胸像作成のためにモデルとして坐ることを承諾した。この「非常によくできあがった」胸像はベルリンにおいて新しい鋳造法により複製されることになった。胸像のオリジナルは現在アメリカはテキサス州オースティン市のネイ美術館に陳列されている。

トルストイの心酔

一八六〇年という年はショーペンハウアーの生涯最後の年にあたる。アメリカではエイブラハム＝リンカーンが大統領に当選した年であり、日本では前年の安政の大獄に続いて、桜田門外の変が起こった万延元年にあたり、国内は騒然としていた。またヨーロッパではイタリア統一をかけて仏墺（フランス－オーストリア）戦争が続いていた。

ショーペンハウアーは、グヴィナーに政治や文学上の最新情報を尋ねることを楽しみにしており、ことにイタリアについては、いずれにせよ統一されるであろうという希望的観測を述べたという。ショーペンハウアーは、師と仰いだカントに負けないくらい、イギリスびいきとして有名であったが、――実際彼はフランクフルトに住んで以来、夕食はかかさずにイギリス人のたまり場「イギリス館」でとった――イタリアに対してはそれとは別に深い情愛の念をいだいていた。ショーペンハウアーによると、教養あるヨーロッパ人は過去数百年間というもの、性格・精神・習俗などの点におけるイタリアの多種多様さにおそらく無意識のうちに大きな関心を寄せてきたといっていい。しかし「統一が成就されたあかつきには、その古い個性豊かなイタリアに代わって、個性を抹殺され平均化された近代的なイタリアが必ず出現するであろう」との意見を彼はつけ加えた。統一成就は彼の死の翌年となったが、この予測は見事に的中した。

ロシアでは農奴の解放が進められていた。かの文豪トルストイも、これら時の流れの中で自分の荘園の管理と文学活動に精を出していた。伝えられるところによるとこの頃彼はショーペンハウアーを知ったらしい。ショーペンハウアーのロシア語訳を出したA＝フェト＝シェンシンというひとの『思い出の記』によると、トルストイはこの友人フェトに対し、「ショーペンハウアーの偉大さと、それに私がいまだかつて感受しなかったような数々の精神的な享楽とが、私をすっかりとらえてしまった。私が自分の考えをいつの日か変えるようになるかどうかは、わからないけれど、今私はショーペンハウアーが、人間にあって最も天才的な人物であると確信する。ショーペンハウアーを読みながら、私にはなぜ彼の名前がうずもれていたのか理解できない。これに対する唯一の説明は、よくいわれるように、世間にはほとんど馬鹿しか存在しないということである」と書き送っている。まさに異常とも思えるほどの心酔ぶりであるが、実際トルストイの書斎には、唯一の壁掛画として、長いことショーペンハウアーの肖像画がかかっていたという。

老いの孤独と温和な印象　一八六〇年の四月になると、ショーペンハウアーは、オッティーリエ＝フォン＝ゲーテから主著の第三版が出たことについてのお祝いの手紙を受け取った。妹の親友であったオッティーリエは、ショーペンハウアーの若き日の夢が実現したことを心より祝福した。その夢とは「一九世紀の真の哲学者になる」ということであった。ショーペンハウアーにとって、今や母なく、妹なく、若き日の彼を知っているのはこのオッティーリエぐらいしかいなかった。その間の心情を彼は、次のようにしたためて返事を出している。「ああ、オッティーリエさん！われわれもお互いに年をとりましたね。ことにあなたより一〇歳年上の私の場合、右を向いても左を向いても知っているひとはこの世を去ってしまいました。われわれはだんだんと思い出の中に生きるんですね。あなたは私の若い頃に知りあったごくわずかな人たちの中の一人ですが、私のことをいつも暖かく見守り続けてくださった。そして今私の現在あるのが、若き日にめざしたものの結果であることを証言してくれました。」この告白にはようやくめぐってきた名声にもかかわらず、親しいひとを前に吐露した老いの孤独というべきものが強くにじみでている。

同じ年の夏には『倫理学』の第二版を出す準備に取りかかった。そしてこれが生前のショーペンハウアーの最後の仕事となった。印刷が完成したときには彼はもはやこの世のひとではなかった。同年の八月に一度呼吸困難と動悸《どうき》をおぼえたのが、兆《きざ》しとなって、彼は九月九日には老人特有の肺炎にかかった。だが一週間後には床を離れて訪問客に会うことができるほどにまで回復した。こうして彼は九月一八日の夕方、遺言執行人に指定したグヴィナーの訪問を受けた。このときいろいろな世間話をしたらしいが、グヴィナーによると、ショーペンハウアー特有の激しい語調の中にも、別れを感じさせる響きがあったという。これが結局両者が交《まじ》えた最後の会話になったのである。グヴィナーの『ショーペンハウアー伝』からそこのところを抜き出して見てみよう。

話をしている間にまわりが暗くなった。家政婦が燭台のろうそくに火をともした。なぜなら覆《おお》いのあるランプの光を彼が好まなかったからである。おかげで私はまだそこに彼の澄んだ聡《そう》明《めい》なまなざしを見出すことができて嬉《うれ》しかった。その眼からは病気と老いのしるしはほとんど感じられなかった。もしも今死ぬことにでもなれば、あわれなことになろうと彼は言った。彼にはまだ『パルエルガ』に重要な追加部分を補う仕事が残っているのである。高齢期における最も危険な時期は七〇歳代の初めであると彼は思っていたので、この時期を無事に過ごせば次の一〇年はより容易に生きられるだろうと語った。かつては自分の敵たちと戦うために長生きせねばならぬと彼は信じた。しかし今はあらゆる方面から寄せられる暖かい賞賛の中にひたるために生きたいと思った。彼は自分の著作が専門家でない人たちから、それぞれの流儀に従って熱狂的に迎えられていることに大いに意義を認めた。そしてそれらの人たちの中にだけ、彼の著作を理解するために必要な公平さと自主性とを見つけることができるものと期待した。しかし彼が最も喜んだのは彼の一見まったく無宗教的な教説が、宗教とみなされ、失われた信仰の空席を満たしつつ、最も内面的な平安と満足の源泉となっているということであった。こうした回想的な話にふけっているうちに、彼はかつて見せたことのないような温和な印象を与えるようになった。去りがたい気持ちではあったが、私は彼の身体を心配するあまり、辞去することにした。私はこれが生前の彼を見る最後の機会であり、また最後の握手となるとはその時にはまったく予想もしなかった。別れぎわに彼はさらに、絶対無の境地に到達することができるなら、こんな嬉しいことはないのだが、しかし残念ながら死がその見込を閉ざすであろうと付け加えた。

ショーペンハウアーの最期　一八六〇年九月二一日、金曜日の朝、ショーペンハウアーは機嫌《きげん》よく朝食のテーブルについた。家政婦が窓を開けてから部屋を出て行った。それからほんのしばらくのちに主治医のザロモン＝シュティーベルが往診に来たところ、ショーペンハウアーはソファーの片隅《かたすみ》に背をもたせかけたまま死んでいた。死因は肺炎による卒中であった。シュティーベルによると彼の死顔はまことに安らかで、死の苦悶のあとは全然見られなかったとのことである。享年《きょうねん》七二であった。

死を迎えた部屋の隅の大理石の台の上には、金箔《きんぱく》の仏像が置かれており、書机の上にはカントの胸像があった。死んだソファーの上の壁には油絵のゲーテの肖像画がかかっていた。この他周囲の壁にはカント、シェークスピア、デカルト、クラウディウスなどの肖像画と、彼の若い頃の肖像画などがかかっていたとのことである。ソファーの前には骨董《こっとう》品的なまるい机があり、その下にはむく《プードル》犬が黒い熊の毛皮の上に寝そべっていたという。唯一の伴侶《はんりょ》であったこの犬に彼は「アートマン」（バラモン教で世界精神に通じる我を意味する）という名をつけてかわいがっていたのであった。

頭を月桂冠で飾られた彼の遺骸は、遺志により、死体室に確実に死んだことがわかるまで五日間も安置され、九月二六日におごそかに埋葬された。この葬儀に参列したのはグヴィナーをはじめと

Todes-Nachricht.

Am 21. l. M., Morgens 8 Uhr, verschied dahier in Folge einer Lungenlähmung im Alter von 72 Jahren und 7 Monaten

Dr. **Arthur Schopenhauer.**

Die Beerdigung wird Mittwoch den 26. l. M., Nachmittags 3 Uhr, vom Leichenhause des Friedhofs aus stattfinden.

Frankfurt a. M., den 22. September 1860.

Der Testamentsvollstrecker: Dr. **Wilhelm Gwinner.**

死亡通知

する数名の弟子たちと、ごくわずかの崇拝者だけであった。しかしその中には遠隔の地から来た人もいて、少数の出席者ではあったが、さまざまな顔ぶれであった。グヴィナーがこれらの人々を前に心のこもった弔辞を述べた。

墓石はショーペンハウアーの生前の希望により、黒の平たい花崗岩《かこうがん》が用いられ、また名前以外には「それ以上の何事も、日付や年号も一言の文字もつけ加えてはならない」との指示に従って、まことに簡潔に「アルトゥーア＝ショーペンハウアー」とのみ刻まれた。ちなみに森鷗外が「墓は森林太郎の外一字も彫るべからず」という遺書を残しているが、それは多分、このショーペンハウアーの影響ではないかと思われる。鷗外はドイツ留学中にショーペンハウアーの著作や伝記によく親しんでいたからである。

それより先、墓地はどこにするかとのグヴィナーの問いにショーペンハウアーは「どこでも結構、私がどこにいようときっとみんな（私の墓を）見つけだすであろうから」と答えたという。グヴィナーと彼の仲間たちは墓所にフランクフルトの市営中央霊園を選んだ。残念なことに彼の住んでいた家や、記念碑などは、二度にわたる世界大戦で破壊され、今や跡かたもないが、この墓だけは一二〇余年後の今日もなおそのままの姿で残っている。平たい墓石は一般の墓のように起立状態にはなく、地面に横たえて置かれ、そのまま埋め込まれている状態である。そしてまわりを高さ八〇センチほどの生垣が取り囲んでいる。そのため霊園内の小道をただぶらぶら歩いてさがしていたのではなかなか見つからない。

筆者もかつて彼のお墓参りをしたおり、通り過ぎてしまって見つけるのに難儀をした思い出がある。だが緑の生垣の上からのぞいて、そこにある墓石の上に Arthur Schopenhauer とただそれだけの文字が刻まれているのを見出したとき、私はなんともいえない感激と嬉しさを覚えた。ショーペンハウアーの「私がどこにいようときっと見つけるだろう」とはこういうことだったのかと思ったものである。つまり彼に関心のある者なら誰でも、たとえ彼が人目に触れるところから離れて永眠していても、その居場所をつきとめるであろうという風に私は解釈したのであった。それに墓石が地面に水平に横たわっている光景は、まさにショーペンハウアーがドイツの土壌に根をおろしている感じで、実に象徴的であった。

ショーペンハウアーの遺志

ショーペンハウアーは生涯独身を通し子供がいなかったため、彼自身がショーペンハウアーという姓の最後の人となった。

遺言によると主たる遺産相続人には、特定の個人ではなく、ベルリンにすでにあった財団法人（基金）が指定されていた。それは、彼の弟子たちや家政婦に遺贈する目録以外の全財産を、「一八四八

ショーペンハウアーの墓
著者撮影

年ないし一八四九年の暴動及び叛逆戦争に際し、ドイツにおいて法的秩序の維持と再建のために、負傷し廃兵となったプロイセンの兵士たちならびに戦死した兵士たちの遺族を援助するために」その基金に遺贈するというものであった。それゆえこの基金から援助を受けた者たちは、おびただしい数にのぼり、ショーペンハウアーの遺贈分が全体としてはかなり莫大な額であったのであるが、一人一人にしてみると実にわずかなものになってしまった。このことはむしろ一つの象徴的行為として理解すべきものである。つまり彼は、ゲーテ同様に、法秩序に対するあらゆる破壊行為に本能的な嫌悪感をもっており、そのため法秩序維持のために殉死《じゅんし》した兵士たちの行為をたたえたかったのであろう。

ところで一八四八年のこの騒動は、後世になって二月革命（フランス）、三月革命（ドイツ）などといわれたものであるが、その目標とするところが民衆の理想とする政体をめざすことであったことを考えれば、ショーペンハウアーの言うようにいちがいに革命騒ぎなどと簡単にかたづけられる性質のものではない。この点が特に左翼思想家から、ショーペンハウアーは精神貴族とか、たとえばルカーチなどに「彼の活動は社会的基盤からまった

ショーペンハウアー記念室

く切り離され、内に向かい、自分の私的な特性を絶対的な価値としてつちかう頽廃的ブルジョア根性の持ち主」などと名指しで攻撃される原因となったものである。たしかにショーペンハウアーは政治的には終生保守的態度をとり続けた。だが兵士たちに対する財産贈与を遺言状に記すよう決意させた動機は、ただ彼の保守的心情というよりも、むしろ国家に対する怒りであったろう。そこには国家のために傷ついていった者たち、革命騒動鎮圧のために死んでいった者たちに対する国家の不十分な補償、為政者たちの冷淡な態度があった。

遺言状の冒頭には「不運な人に同情せよ」という意味のラテン語が書かれてあった。だからここには彼の人間的善意が、死を前にしてもう一度現れたのであると素直に解釈したらよいと思う。

ちなみに「主要相続人」以外では、長年彼に仕えた家政婦マルガレータ＝シュネップに終身年金の他に、家具・銀製の器具など身の廻りの品々が与えられた。ベルリン時代のかつての愛人カロリーネ＝メドンには、すでにこれより以前に遺贈分が決まっていた。

また遺言執行人のグヴィナーには、ショーペンハウアーの蔵書がすべて与えられることになっていた。他の弟子や友人たちには、それぞれ遺品として金時計とか、金縁の眼鏡、銀板写真などが定められていた。

現在これらの遺品の大部分は集められて、フランクフルト市にある「ショーペンハウアー記念室《アルヒーフ》」に陳列されている。読者の皆さんもいつの日かフランクフルト市を訪れる機会があったら、このアルヒーフにぜひ足を運んでほしい。そして中央墓地で彼のお墓参りも。

II

ショーペンハウアーの思想

ショーペンハウアーと現代

ショーペンハウアー哲学の再評価　ここに一つの注目すべき事実がある。ショーペンハウアーの哲学が、最近になってドイツ本国を中心に、世界各地でも見直されるようになったことである。ひとによっては、これを「ショーペンハウアー＝ルネサンス」などともよんでいる。

日本にも彼の思想の先見性に注目する動きがようやくではじめてきた。ショーペンハウアーは日本では明治末期から大正期にかけて、さかんにもてはやされ、一時期大学の講壇哲学にも名を連ねた。だがそれ以後は、すっかり忘れ去られ、時たま名が出てもとっくに克服された過去の哲学者扱いをされ、ほとんど顧《かえり》みられることがなかった。それが今になって「なぜ？」という疑問がわこう。

ドイツの場合はどうであろうか。実はドイツには「ショーペンハウアー協会」という団体がある。ショーペンハウアーの思想に共鳴する人たちが専門家、素人《しろうと》とを問わず、寄り集まって運営している哲学団体である。この協会は、哲学者パウル＝ドイセンによって、一九一一年に国際的な哲学協会として設立され、すでに七〇年を超える歴史をもっている。ドイセンという人は、若き日のニーチェの友人であり、また日本で初めてショーペンハウアーの主著を翻訳・出版した姉崎正治の恩師で

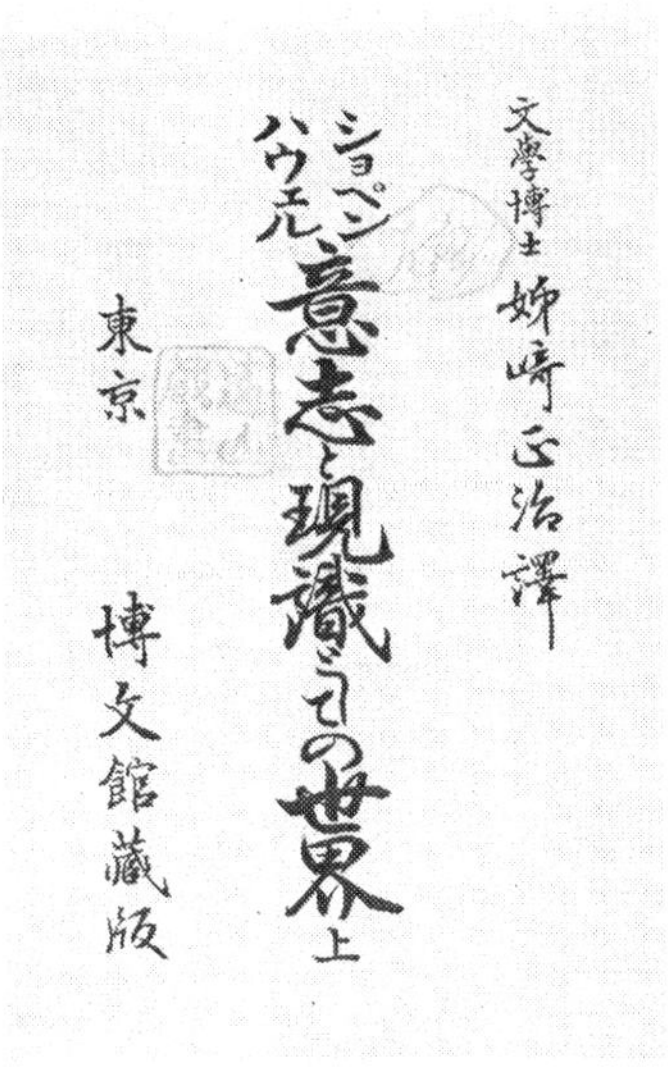
文學博士 姉崎正治譯

ショペンハウエル 意志と現識としての世界 上

東京 博文館藏版

ドイセン（右）と姉崎正治訳の『意志と現識としての世界』の扉

もあった（姉崎正治『意志と現識としての世界』）。

会員は設立当初から、学者たちだけでなく、医者・実業家・ジャーナリストなど幅広い層に及び、また過去七〇年の間に、会員は外国にまで広がった。地域的には協会は現在、二十数ヵ国にその会員を擁している。ちなみに哲学者個人の名を冠した団体組織としては、「ショーペンハウアー協会」はドイツ国内では、カント協会やヘーゲル協会などの会員数をはるかに凌駕《りょうが》して、最大の学術団体となっている。この協会が一九八一年一一月に、本部のあるフランクフルト市で創立七〇周年を祝う記念大会を開催した。大会のメインテーマは「ショーペンハウアーを読もう！」であったが、各国の代表者の報告に共通するのは、シーペンハウアーのアクトゥアリテート（今日性）ということであった。

協会は、過去七〇年間にわたって『ショーペンハウアー年報』という哲学論文集を発刊し続けて来たのであるが、ここに来てショーペンハウアーを求める声が、いちだんと高まっているのを感じるという。

現在の世界情勢を正視するならば、われわれは自分たちが全面核戦争の危機にさらされ、公害にむしばまれ、環境破壊の進む地球の中に置かれているのを見出すであろう。また、発展途上国の食糧問題はますます深刻の度を加え、飢餓《きが》が世界的規模で現実の問題となり、地球上の南北地域の格差はせばまるどころか、ますます広がりを見せている。

ショーペンハウアーのペシミズムは、ライプニッツ以来のオプティミズム（楽観論）の伝統にはじめて立ち向かったものであった。ショーペンハウアー以前はわれわれの生きているこの世界は、考えられうる限りの最良のもので、完全なものであるというのが、哲学的には一般的な見方であった。ところがショーペンハウアーはわれわれが苦悩の中に生を受けていることをはっきりと宣言し、その上で人間の一生は苦悩の歴史であると規定したのである。この認識は、しかし同時に悩める者たちに対する思いやりをよび起こし、不幸な状態にあるあらゆる存在者（人間だけでなく動物をも含めて）の間の連帯意識を育成する性質のものであった。最近になってのショーペンハウアーの世界的な評価は、彼の哲学が単に知的な哲学理論の枠の中にとどまらないで、生きた倫理学として捉えられるようになった、そのことから生じたものといえよう。

「未来の哲学」

現代の重要な哲学者たちのいく人かは、たとえばホルクハイマー、ヴィットゲンシュタイン、ゲーレン、ポパー、シェーラーらはショーペンハウアーから測り知れない影響を受けたことを告白している。特に文豪トーマス＝マンは、その著『ショーペンハウアー』の中ではっきりとショーペンハウアーの倫理学こそが、人生の最も困難な時期に耐えうる倫理学であると述べている。

同情＝共苦（一九〇ページ参照）の原理に基礎を置くショーペンハウアーの道徳哲学は、今日の絶えまない戦争の時代において、また各国のナショナリズムがますます強まる時代にあって、硬直した国際関係を解きほぐし和解させる倫理的・社会的な課題をになうにふさわしい哲学である。またショーペンハウアーが現代的であるのは、幻想をいだくことなく、徹底して物事を見つめるその眼力のためともいえよう。彼は世界を覚めた目で見つめる。ひとが世界の中での偽りのない存続を欲する場合、世界は事実に即して眺められねばならないのである。

この観点に立って、ショーペンハウアーの哲学を学び、かつ行動することは即時代的である。それによって非人道的な面が増えつつある世界の中で、より多く人道性を発揮できる場が増えることと思う。学べば学ぶほど、ショーペンハウアーの哲学は過去の哲学どころか、未来からわれわれを出迎えに来た哲学、つまり「未来の哲学」の感がすることであろう。

新しい潮流

ヨーロッパ近世の哲学は、デカルト以来、主体と客体とをはっきり区別し、もっぱら理性のみに頼った対象的思考をとり続けて来た。それは結果として科学が進歩すればするほど人類は幸福になるはずであるという合理主義の哲学を根づかせた。だがこの方向が行きづまって人間疎外や種々の現代の病弊がもたらされたのである。ショーペンハウアー学徒のホルクハイマーを祖とするフランクフルト学派の批判理論なども、このような閉塞《へいそく》状況にある現代人の解放をめざして樹立された哲学である。

ショーペンハウアーの哲学は一言で言えば理性に対して、意志に重点を置いた哲学である。その意味でもともと非合理主義の系列にあり、ドイツ観念論の主流からは、置き去りにされた感があった。だが現在の思想の潮流は当時と変わってきている。主客の差異を超えることが特徴のインド哲学の影響を受けたショーペンハウアーの哲学は、ゆっくりではあるが、現代思潮の潮流の前面に押し出されてきた。ショーペンハウアーは、西洋の伝統思想の中にはじめてインドの仏教的思考を取り入れ、また仏教における世界否認の教義によって、自分の哲学の正しさに対する確証を得たのであった。

現在マルクス主義の哲学が、昔日《せきじつ》の勢力を失い、実存主義の哲学ももはや話題とならなくなり、かつての構造主義も、ポスト構造主義にとってかわられ、人々が自分の心を託す哲学が見あたらなくなった。このような状況下で禅を中心とする仏教思想や、人間の深層心理に踏み込む精神分析学が、新しい哲学への模索の中で、ヨーロッパ・アメリカを中心に注目を浴びるようになった。

フロイトの精神分析学がショーペンハウアーの意志形而上学と内面で深く関わっていることは周知の事実である。また禅の瞑想《めいそう》は、解脱《げだつ》への道であるとも言われる。われわれは、ショーペンハウアー哲学の先見性および今日性を思わずにはいられない。

従来の思考法の枠を超え出る、新しい思考の契機を、われわれはショーペンハウアー哲学の中に見つけだすことができないであろうか。もしそれが可能なら、それはとりもなおさず、今までなかった平和哲学への可能性の道が切りひらかれることをも意味しよう。一見、ショーペンハウアーと平和という組み合せは、唐突《とうとつ》に感じられるかもしれない。しかし現在、最も必要とされるものが平和であり、その実現のための新たな思考方法が求められているとき、この組み合せはむしろ自然であり、望ましいものではなかろうか。

反核・軍縮の平和運動が世界的な規模で起こりながら、なかなか平和が実現されないのは、ひとつにはわれわれが誤った思考の枠内で行動しているためかと思われる。新しい思考、平和への真の思考法の出現がのぞまれるゆえんである。現在の核の状況下にあって、ショーペンハウアーの哲学を理解することは、この意味で平和の樹立へも通じるたいせつな一歩である。私にはそう思える。

以下この点をさらに詳しくみていくことにしよう。

正義、愛そして諦念（あきらめ）などの徳の源泉である同情（共苦）とはいったいいかなるものであろうか。愛の倫理学、あるいは同情倫理学とよばれるショーペンハウアーの倫理学は、彼が師と仰ぐカントの倫理学とはどのように違うのであろうか。

表象と意志

「世界は私の表象である」

さて、道徳哲学関係のショーペンハウアーの著作は次の通りである。主著『意志と表象としての世界』（正編）第四巻「意志としての世界の第二の考察」の中で取り扱われているのが、倫理学の分野であり、続編にはその補足がある。さらに『倫理学の二つの根本問題』という独立した書の中で、道徳の基礎が論じられている。そこでこれらの書物を通してショーペンハウアーの倫理学の輪郭を、できるだけわかりやすくはっきりと浮かびあがらせてみたい。

だがその前に、『意志と表象としての世界』の第一、二、三巻の内容に簡単に言及しておく必要がある。ショーペンハウアー哲学の全体系は、この主著の題目の中に実に簡潔明瞭に表現されているからである。すなわち世界を表象とする見方と、世界を意志とする見方の二つからなる体系である。

『意志と表象としての世界』の第一巻「表象としての世界の第一考察」はショーペンハウアーの認識論にあたる部分である。

「世界は私の表象である」というテーゼが文頭に置かれ、結論を先取している。表象《フォアシュテルング》とは知覚に基づいて意識に現れる外界対象の像を指す言葉で、ドイツ語の場合、語源的には「私の前に置かれる物」「私が前に置く物」という意味である。つまり主観が前に置いたもののことである。表象は感覚的・具体的である点で概念や理念とは違うが、観念と同じ意味に使われる場合も多い。要するに認識主体が私である場合、具体的には私の目の前に現れたものと言ってよい。「世界は私の表象である」という言明は、ショーペンハウアーが、カントの考えをそのまま踏襲《とうしゅう》したことを示している。

カント哲学への批判

カントの教えによれば、あらゆる事物はわれわれに対してただ現象としてのみ映ずるだけだからである。ショーペンハウアー自身、カントの教えが、彼自身の哲学への入口となったことをはっきりと認めている。カントが哲学において行った最大の功績は、「物自体」と「現象」を区別したことであった。これは根底においてあのプラトンの言明と同じ真理である。

プラトンは感覚に現れたる世界は真の存在ではないと述べた。それをはっきりさせるために、彼

プラトン（ラファエル画）

は「洞窟の比喩」（『国家』第七巻、参照）を用いた。それによると人間たちがたとえば縛られたまま洞窟の中にすわっている。彼らの背後で火が燃えている。その火の前をあらゆる事物が運び込まれたり運び出されたりする。それらの事物の影が、火の光によって人間が向かいあっている洞窟の壁の上に映し出される。人間たちは縛られていて背後を振り向くことができないので、壁に映った影だけを見て、それらの影を事物の本物の姿だと思う。誰か一人がようやく洞窟を抜けだすことができた。そして彼は太陽の光のもとで、それまで影の像としてだけ知っていた対象物を、その本当の姿において見出す。この本当の姿、つまりすべての物の原像、すべての物の原型こそがイデアなのである。われわれの眼に映じる現象は、実在の本質であるイデアが、現実世界において具体的な姿をとったものである。これがプラトンの考え方であった。

　カントの場合は、「感性界」と「叡智《えいち》界」の二分論である。彼は現象の属する世界を「感性界」、物自体の属する世界（プラトンではイデア界）を「叡智界」（「悟性界」ともいう）とした。ショーペンハウアーの「世界は私の表象である」という命題は、カントのいう感性界の次元での言明といってよい。しかしショーペンハウアーが、いかに「現象」と「物自体」のカントの区別の意義を強調しようとも、個々の点ではカント哲学と異なり、対立する点が少なからずあった。彼はそれらの賛成しかねる箇所をひとまとめにして、『意志と表象としての世界』(正編)の巻末にほぼ各巻の分量に匹敵するかなり大部の「カント哲学批判」を付録としてつけ加えた。

この中で彼はカントの『純粋理性批判』の第一版をほめたたえ、これに反し第二版は、健全でなく堕落したものとして退けた。第一版において、はっきりと主張されていた外界の対象を表象にすぎないとする観念論的立場が、第二版では曖昧にされ、それゆえ第二版は全体としてみると自己矛盾を含んだものとなっている。これがショーペンハウアーの言分であった。たしかに彼自身の思想的立場から、カント哲学を歪《ゆが》めて見ている部分もかなりある。しかしこの「カント哲学批判」は多くの点でカント哲学のもつ問題点をも指摘している。そのため一概にすて去ることは妥当ではない。

カントの認識論では認識に必要な道具立てとして、時間、空間という純粋直観の形式と一二のカテゴリー(純粋悟性概念)が必要とされた。ショーペンハウアーの場合には時間、空間の形式はカントそのままであるが、その他のすべてのカテゴリーは因果性(原因と結果)という基本形式にまとめられてしまう。

カントのカテゴリーは、量、質、関係、様相のもとに、具体的にはそれぞれ単一性・数多性・全体性、実在性・否定性・制限性、実体性・因果性・交互性、可能性・現実性・必然性の一二があげられる。カテゴリーはカントによれば感性の直観形式に対する悟性の構成原理(思考形式)であり、これによってわれわれの経験が可能となる主観の条件であった。それゆえ認識は感性と悟性の総合作用によって可能となる。

ショーペンハウアーは、カントの中から因果性のカテゴリーのみを残し他のすべてのカテゴリーをこれに還元させたのである。すなわち因果性の中にすべてを包含させたわけである。ショーペンハウアーによれば、しかしこの因果性もさらにより高次の「根拠律」に包含される。なぜなら「表象は根拠律に従属する」という大前提があるためである。時間、空間、因果性の形式はいずれも根拠律の三つの特殊形態である。これに関してショーペンハウアーは次のように言っている。

主観と客観

〈世界は私の表象である〉――これは現に生きて認識しているすべての存在にあてはまる真理である。もっとも人間だけがこの真理を反省（省察）された抽象的な意識段階にもたらすことができるのであるが。そして人間がもしもほんとうに反省（省察）するならば、彼の中に哲学的な熟慮というものが始まったのである。そのとき彼にとってはっきりと確実になるのは、彼が太陽や大地を知っていない、つまり太陽や大地そのものを認識していないということである。疑いようのない事実は太陽を眺める眼の存在と大地に触れる手の存在だけである。この事実は彼を取り囲む世界がただ表象として存在するにすぎないことを意味する。言いかえれば世界はあまねく他者との関係において存在する。つまり世界というものは当の人間自身であるところの表象する存在者というものを前提とし、それとの関係においてのみ存在するということである。何か或る真理がアープリオリに言明されうるとすれば、まさにこれがそれである。なぜならこの真理はあらゆる可能な、考えうる限りの経験というものの形式の言明であるからであり、またこの形式は時間、空間および因果性という他のすべての形式よりも普遍的であるからである。これら三つの形式はすべてその前提として表象としての世界というこの経験の形式をもっている。たしかにわれわれはこれら三形式がすべて根拠律の三つの特殊形態であることを認識したが、これらがたとえ特殊の部門の表象に妥当するだけにすぎないとしても根拠律の下での三形式という事情はかわらない。これに対して客観と主観への分裂は、すべての部門の表象に共通な形式である。それは表象がいかなる種類のものであれ、抽象的であれ直観的であれ、純粋であれ経験的であれ、なんらかの表象がおよそそのもとでのみ、可能であり、考えうるものとなる形式である。それゆえ次の真理ほど確かで、他のすべての真理から独立し、かつ証明を必要としない真理はない。すなわち認識のために存在しているすべてのものつまり全世界は、主観との関係における客観（対象）であるにすぎないということである。それは見る者の直観であり、一言で言えば表象のことである。もちろんこれは現在についても、過去と未来のいかなる時についても、近いものにも、遠いものにも、どこにあるものにも妥当する。なぜなら、それは時間と空間そのものに妥当するのであり、これらすべては時間と空間の中でのみ区別されるからである。およそ世界に属しているものおよび属しうるものすべては、主観による制約と不可分に結びついており、主観に対してのみ存在する。世界は表象である。

第一巻では、世界がこの観点から、観察される。つまり世界が表象であるという観点からである。それは世界の認識できる側面をただ表象として考察することであり、眼前にあるすべての客観は、したがって単なる表象とよばれる。主観は認識をする主体であるが、ショーペンハウアーによれば、主観は「すべてを認識するが、なにものによっても認識されないもの」と定義される。だからそれは、世界を支えるものであり、すべての現象しているもの、つまりすべての客観（対象）にとり、あまねくゆきわたりつねに前提とされるところの制約である。ここでドイツ語の「客観」という語が同時に「対象」を意味するものであることに注目したい。われわれは認識する限りにおいては主観であるが、われわれの身体は認識の対象としては客観なのである。

表象の背後にひそむ「意志」

こうして世界を表象として考察する場合、表面に映じないために無視されてしまう重要なものが取り残される。それはいったい何であろうか。ショーペンハウアーは、その表象の背後にひそむ重要なものをその直観によって「意志」と規定した。ショーペンハウアーによれば、世界は表象と意志という二つの側面から成り立つ。第一巻ではこのうち世界の表象の面が考察された。世界のもう一つの面を構成する意志については、第二巻で論究される。

第二巻の題名は「意志としての世界の第一考察」で「意志の客観化」という副題がついている。カント哲学においては現象の背後にひそむ「世界そのもの」はわれわれの認識の限界を超えてしまい、それゆえ捉えることができない。そのため、具体的なイメージからはほど遠い「物自体」という名がつけられた。つまりカントの哲学は、人間に対して、現象として現れる世界は認識できるが、現象として現れない物自体は知ることができない（＝いわゆる不可知論）という面をもっている。われわれの認識の妥当する領域は、カントによれば現象の範囲であり、この領域がふだん経験的世界といわれるものである。したがって物自体とは、経験を超越した世界のことであり、その意味でヌーメノン（可想体）ともよばれる。カントはこのように、われわれの認識が現象界を超え出ることができないとして、人間の認識能力の限界をはっきりと示したのであった。たしかにショーペンハウアーは、「世界が私の表象である」という限りにおいてはカントの現象界の考えをそのまま受けついでいる。しかしカントがその根拠づけに最も苦慮した「物自体」を、大胆にも、ごく単純かつ明快に「意志」と定義した。ショーペンハウアーの哲学が意志形而上学といわれるのはこのためである。

ショーペンハウアーは意志をもちだすことによって理性こそが万能であるとする当時の思想界の一大潮流に初めて抵抗の一石を投じた。理性ではなく、意志こそが人間のうちにある本質的なものというのがショーペンハウアーの考えであった。ところでヘーゲルにいたるまでの理性主義の哲学が、ひとつひとつの論理の積み重ねによってその体系を完成したのに対し、ショーペンハウアーの思想の核心はむしろ直観により、瞬間的にうちたてられた感がある。物自体が意志であるというのは、ショーペンハウアーの直覚の鋭さが洞察した直観であり、なぜそうであるのか、なぜ物自体が意志であるのかという説明はどこにも見あたらないし、またいっさい加えられていない。

ふつう意志といえば当然人間にそなわる意志が考えられるのであるが、「物自体は意志である」とされるとき、それはすでに人間の意志以外にまでも範囲が及んでいることを示している。したがって「世界は私の意志である」という言明はまったく直観的な主張以外のなにものでもないといってもよかろう。ショーペンハウアーの哲学はこうした直観によってできあがったということで哲学史上に独特な位置を占めているのである。

第一巻では表象を単に表象として考察すること、それゆえ一般的な形式の面からの考察が中心であった。第二巻では表象そのものではなく、表象の中に宿っているもの、すなわち意志が論究の中心におかれる。それはひとまず、私の内部に私の存在の中核として見出される私の意志である。

ショーペンハウアーによれば私の身体は、時間・空間の形式において、悟性の前にたち現れた意志である。同様にほかのすべての自然界の事物も、個別化した意志が感性界に出現したものである。つまり意志が客観化したものである。なんのことはない、これが一言で言えば、ショーペンハウアー意志形而上学の骨組みである。そして意志の性質、様態などがこの第二巻において具体的に述べられてゆく。

そこではショーペンハウアーは、さらに踏み入って意志は盲目であり、非理性的であり、混沌《こんとん》としたものであると規定する。これはわれわれがふつうに使っている「意識的に意欲する」という意味での「意志」という言葉とはだいぶ違う。われわれはショーペンハウアーを理解しようとする場合、そこには二種類の意志のあることに注意する必要がある。ひとつは一般的な意味で何かを行おうとする意志、もうひとつは無目的に人間を駆り立てる衝動とでもいうべき意志である。いずれも意志には違いないが、ショーペンハウアー哲学においては、後者の意志、つまり人間のうちにあって論理的にはほとんど解明できない不合理な暗い部分を占める意志が問題にされるのである。

「盲目的な意志」

「意志は盲目である」というショーペンハウアーの考え方は、のちに精神分析学の創始者ジグムント＝フロイトに深い影響を与えることになった。フロイトはショーペンハウアーの「盲目的な意志」という表現を、彼のつくった専門用語におきかえ、「リビドー」、「エス（それ）」、「トゥリープ（情欲）」などとよんだ。これらはいずれも、フロイトによれば人間の意識下、つまり潜在意識の中にあって強力に活動している欲望である。こうして深層心理学は生まれた。

ショーペンハウアーはまた盲目的な意志、非合理的な生への意志こそ人間の本質であると説くことによって、「生の哲学」への道をも切りひらくことになったのである。ニーチェは非合理的な意志を肯定してゆくことによって、生の哲学を樹立した。ショーペンハウアーはのちに説明するように、この意志を否定すべきであると考えたのである。この点がショーペンハウアーとニーチェの哲学の決定的な分岐点である。

意志のさまざまな形態

さて意志が、人間や動物の中に認められるだけでなく、植物界や無機的な自然の中にも存在することを、ショーペンハウアーは「意志の客観化」において次のように具体例をあげながら説明する。

植物において発芽し、成長を促す力も意志である。それどころか、結晶がかたちづくられる力、磁石を北極へ向ける力、異なった金属が触れあって出る振動のもとになる力、素材の親和力において、逃げあったり求めあったりする力、つまり分離と結合という形で現象する力、その上とどのつまりあらゆる物質において強力に働いている力、すなわち石を大地に、地球を太陽に引きつける重力さえも、――これらすべての力は現象においてのみ異なるが、その内容的な本質の上では同一のものとして知られており、それが最もはっきりと現れる場合、意志とよばれる当のものであることにわれわれは思いあたる。このような省察だけが、われわれをもはや現象のもとに立ちどまらせずに、物自体へと導いてゆくのである。現象とは表象のことであり、それ以外のなにものでもない、それがいかなる種類のものであっても、すべての表象つまりすべての客観（対象）は現象である。しかし意志だけが物自体である。物自体が意志と言ってもよい。そのようなものとして意志は断じて表象ではなく、表象とはまったく異なるものである。意志とはあらゆる表象、あらゆる客観、つまり目に見える現象の基《もと》になっているもののことであり、表象、現象などは意志の客体性といわれる。意志は最も内的なものであり、あらゆる個性的なものならびに全体的なものの核である。意志は盲目的に働くすべての自然力の中に現れる。また人間が考えをめぐらしてする行為においても現れる。しかしこれら両者の相違、つまり自然力と人間の場合の意志の相違はその現れる程度だけが違うということでその本質そのものにはかかわりがないのである。

このように意志のさまざまな形態の説明が、生物界からの例証や、文学や哲学の古典からの豊富な引用をはさみながら興味深く展開されてゆく。引用および比喩の駆使はカントやヘーゲルと違ってショーペンハウアーの得意とする哲学的方法である。抽象的な難解な論議が続くと、たいがいわかりやすい例を引き合いに一息つくことのできる休息場所がもうけてある。

意志と根拠律

ところでいかに意志の客観化（発現）の段階に相違があろうとも、物自体としての意志は同一であり、その間には相違はない。意志はその現象とはまったく異なり、現象のあらゆる形式から完全に独立な自由な存在である。意志はかたちとなって現れることによって、はじめてそれらの現象形式の中に入ってゆく。だから現象の形式は意志の客体性だけに関わり、意志そのものには無関係である。あらゆる表象の最も普遍的な形式である主観に対する客観の形式も意志そのものにはあてはまらない。この形式に従属する諸形式は、ショーペンハウアーによれば、すべて根拠律において表現され、時間と空間の形式もそれらに属し、また時間・空間によってのみ可能となった数多性もそれらに属するとされる。もちろんこれらも意志そのものには関係しない。

さていろいろなものが存在すること、つまり数多性は時間と空間の形式によって決められるため、「個体化の原理」ともいわれる。その本質と概念からみて同じ一つのものが、異なるものとしてわれわれの前に現れるのはどうしてであろうか。それは個体化の原理によって、すなわち「ある場所」「ある時」の違いによって具体的な個が生じるからである。

ところで根拠律と意志そのものとの関係はどうであろうか。根拠律とは必然性の法則、つまり因果性の法則である。すべての必然性は根拠に対する帰結の関係という形で把握される。現象としての意志はたしかにこの法則に従属しているのであるが、物自体としての意志はあらゆる形態において根拠律の領域外にあり、それゆえまったく「根拠なきもの」《グルントロージヒカイト》（なにものにもとらわれぬ独立的存在者）である。さらに意志は、時間・空間においてその現象は無数あっても、それ自体（意志そのもの）としてはすべての数多性からは自由である。すなわち意志それ自体は無数には存在せず、ひとつ、唯一の存在である。このひとつの意味するところは、個体化の原理である時間と空間の枠外でつまり数多性という可能性の外にあるものとしてひとつということである。これは、時間・空間および因果性は物自体に属するのではなくて、認識をするさいの単なる形式にすぎないという、あのカントの教えをわれわれに思い起こさせる。ここにもカントの影響がうかがえる。

原意志とは

因果性の外に立ち、また時間・空間という個体化の原理の外にも立つ物自体としての意志は、基本となる意志という意味で原意志ともよばれる。それは原因をもたないという意味での根拠のない盲目的な生きようとする意志のことである。この原意志は、プラトン的イデアを媒介として具体的な形となって、個物界に姿を現すのである。したがって原意志は、それ自体自由であっても個別意志となると、形態が定まってしまって自由ではない。これを人間の場合に当てはめてみよう。人間の個体つまり人格は、すでに意志の現象であり、物自体としての意志ではない。人格はそのようなものとしてすでに決定されているのであり、現象の形式である根拠律の中に組み入れられているのである。なるほどア－プリオリ（先験的）には、誰もが自分自身を自由であると思う。また自分のひとつひとつの行為においても、自分はまったく自由であるとみなす。自分はいつでもある別の生活の仕方をやり始めることができる。言いかえると別の人間になれると思う。

だが誰でも、自分が自由でなく、必然性に支配されており、どんな計画を立て反省してみたところで自分の行為を変えることができない。それどころか自分の生涯の始めから終わりまで、自分自身も同意できぬような性格をもち続け、いわば自分が引き受けた役割を最後まで演じなければならない。人はこれらの事実をアーポステリオリ（後天的）に経験を通して知ることとなり、驚く。

これらの現象だけを見ると、人間の意志というものがすべて原因によって規定されているという決定論の立場に近い。だが原意志はあくまでも自由であるという点で決定論とは異なる。

このように述べて、ショーペンハウアーは、自然法則と道徳法則を区別したカントのように、意志の自由は道徳の領域に関わり、倫理の問題であることを予告する。

生への意志と認識

ショーペンハウアーは、世界と人間とを意志を通して関わる立場に立った。だからといって、理性の役目がまったくなくなってしまったわけではない。意志と理性を並べた場合ただ意志の立場を理性よりも優位に取り扱うということである。なるほど多くの場合知性（理性）が意志を導くように見えるが、しかしそれはただ案内人が主人を導いているようなものである。ショーペンハウアーは意志こそが主人なのであると強調する。

意志は彼によれば今や知性を制御し、強力な力でそれを強いて他の事物へと目を向けさせる。意志はこの関係において、「目は見えても両脚の麻痺《まひ》した人を肩に背負う力の強い盲目の男」に比べられる。人間は見かけの上では前方から引かれているようであるが、実際は背後から押されて行動しているといった方がむしろ適当である。彼らは自分が認識したものによって導かれていると思っているが、実際には意志が彼らを前方へと駆り立てているのである。この意志とは「生への意志」であるが、たいていの場合、その働きが彼ら自身には意識されていないのである。無意識的に出現する生きようとする意志は、むしろ本能とも言えるものであって、人間のたとえば食べることに対する、あるいは生殖へと向けられる激しい欲望の中に見受けられる。

この生への盲目的意志は、つねにみたされぬ欲望を追い続ける性質をもっている。生への盲目的意志はただ単に人間界にだけ存在するのではない。そのために現象相互の果てしない、和解しがたい闘争がわれわれの身のまわりに展開する。これは今まで別々に扱われてきた表象としての世界と意志としての世界が、認識という補助手段の出現を通して、接点をもったとき、つまり一緒になったときに生じるのである。意志の客観化の段階によっては個体の維持と種族の繁殖のために、認識の働きが必要とされる。その場合意志の盲目的な働きと認識の照明を受けた働きとの間に闘争がおこる。

世界は意志の争闘の場

ところで、意志の客観化であるが、ショーペンハウアーによれば意志が適切な客体性を得るためには、どうしても意志が段階的に現れなければならない。意志が段階的に客観化するということのような内的必然性もまた段階的現象そのものの全体の構図の中に、外的必然性によって表現されている。すなわちこの外的必然性とは、人間が自己を維持するためには他の動物を必要とし、これらの動物は段階的に下位の動物を、さらにまた植物をも必要とし、植物はさらに大地を必要とし、水や、化学的元素や、それらの化合物を必要とし、さらに惑星や太陽や、太陽をめぐる自転と公転、黄道の傾斜等々を必要とするということである。根本においてこのことはこの世界に意志以外になにものも存在せず、しかも意志は飢えた意志であるため、意志が自分自身を食いつくす以外に方法がないということに起因する。

この外的必然性は一見決定論に似ているが、先に見た通り、規定的原因（運命）の作用ではなく意志（原意志＝自由意志）の作用であるという点が決定論と違う。だから不安および苦悩は、飢えた意志が自分自身を食いつくす連鎖反応の結果に由来する。

ショーペンハウアーはこのようにして、主著第二巻で意志本位の意志中心の形而上論を展開し、世界を意志の争いの場と見なしたのである。それはわれわれに最も身近な直接的な意志から出発して、あらゆる自然の本性にも意志を認め、表象の世界に対置するという独創的なものであった。世界が意志の争闘の場であるならば、それは苦悩の世界であるに違いない。たしかに人間においても盲目的意志が根底にあるから、つねにみたされない、終わりのない欲望を追いかけることになり、人生は苦痛となる。われわれの世界は考えられうる限り、最も悪い世界であると、ショーペンハウアーは洞察した。

この世界が最悪の世界という深刻な捉え方は、彼の生涯を通して変わることがなかった。ペシミズム（最悪観）は、中世以来の楽天思想家たちが夢想もしなかった、沈痛なる教えである。だがショーペンハウアーのペシミズムは、世界を意志争闘の場と観察する一方で、同時に万物の調和融合の場としての可能性をも考えている。この点で、それは単なるペシミズムではなく、古代以来の理想主義の系譜にも接点をもつものである。ショーペンハウアーの思想を真に理解するためには、われわれは彼の思想のこの二面性を忘れてはならない。

苦悩と解脱

苦悩の世界

前節で述べたように、第一、第二巻で『意志と表象としての世界』の全体像が浮かびあがった。一言で言うならば、世界は「生への意志」が現れてできたものであり、それはまた苦悩の世界である、というものであった。われわれはこの苦悩の世界にどう対処したらいいか。そこでショーペンハウアーが考えた次の一歩は、救済への道をさぐることであった。

ショーペンハウアーによれば、苦悩から自由になる道つまり苦をまぬかれる道には二つの種類がある。一つは芸術的解脱《げだつ》の道であり、他は倫理的解脱の道である。解脱とはもともと仏教用語で、苦悩を克服して絶対的自由の境地に達することを指す言葉である。主著第三巻では、ひとまず芸術的解脱の道が取り扱われる。芸術を通して苦悩から自由になる方法がテーマである。倫理的解脱の道は第四巻のテーマである。

ショーペンハウアーは第二巻で、世界が苦悩の世界であると結論づけた際、そこにいたった考察がすでに第四巻の重要なテーマを力強く指摘するものであると述べている。そして「できることならすぐにでも第四巻に移りたいのである」が、構想の組み立て上、それが欠かせないため、芸術的解脱の道を第三巻として間にはさむ旨ことわっている。

第三巻は、その結論はやはり苦悩としての世界の枠内で示されるのであるが、ショーペンハウアー自身「晴れやかな内容」と言っているだけに、全体として重苦しい調子がなく、読むのが実に楽しい部分である。

ショーペンハウアーの美学

第三巻の標題は「表象としての世界の第二考察」であり、それに次の「根拠律に依存しない表象」、「プラトンのイデア」、「芸術の客観（対象）」という三つの副題がついている。これは内容からいって、ショーペンハウアーの美学を扱っている巻といってよい。「大才」と「芸術」が主要なテーマとなっている。

ここでは詳細に内容に立ちいることはしないで、全体を概観し、正編・続編に共通している各節の項目を列挙するだけにとどめたい。「イデアの認識について」、「純粋な認識主観について」、「天才について」、「天才と狂気」、「芸術の本性」、「自然美に関する断想」、「美と崇高《すうこう》」、「かわいいもの」、「どんなものにも美はある」、「建築の美」、「園芸、風景、動物」、「人間美、性格の美」、「ラオコーン像」、「彫刻と裸体」、「歴史画と風俗画」、「天才と模倣」、「芸術の内的本質について」、「絵画と詩の相違」、「歴史について」、「詩の美学」、「音楽の形而上学」。これらの項目を見れば、第三巻の中で具体的にどのようなことが扱われているのか、だいたいの見当はつくことと思う。

さて、ショーペンハウアーはプラトンのイデアの中に、永遠の形式を認める。その上で彼は、芸術は個体的なものを超えたイデアの観照《かんしょう》（美の直接的な認識）であるとする。

第三巻ではまた、ショーペンハウアーにおける知性と意志の関係、つまり認識が扱われるのであるが、その際芸術との関連において認識の特殊な場合が問題にされる。一般に認識というものは、ショーペンハウアーによれば、理性的な認識も単に直観的な認識も、もともと意志そのものから生じる。それは身体の器官すべてと同じように、個体および種の維持のための単なる道具としての役割を果たす。ただ認識というものは、意志の客観化の、より高い上の方の段階に属する。だから認識は本来、下部構造である意志に仕え、意志の目的を遂行するように決められている。認識はほとんどいたるところで、つまりすべての動物やほとんどすべての人間の中にあって、意志に仕えているのである。そして知性が意志への奉仕においてある限り、つまり知性が意志の完全な支配下にある限り、認識は意志から独立してふるまうことはできない。

ところが何人かの特別な人間にあっては、認識がこの奉仕を脱却し、そのくびきを投げすて、意欲のあらゆる目的から自由に、純粋にそれ自身として存在することのできることがある。その場合、世界はまったく澄んだ鏡の状態になる。ショーペンハウアーによれば、芸術はこの澄んだ鏡の状態から生まれるのである。このように認識を意志の従僕《しもべ》としての状態から解放することのうちに、芸術の任務が成立する。また知性が意志を離れて真理を観察できるよう高めることも芸術の任務である。

芸術的解脱は特権的

芸術において知性は、すべて個別的なものをすて去り、「無意志の認識主観」となる。それは時間・空間・因果律を超えたイデアというものを公平無私の立場で見つめることである。したがって芸術とは因果性や意志から独立して、知性が事物を観察することであり、具体的には、個別そのものから主観をも客観をも脱却させることによって可能となる。芸術は、人間をその欲望のあらゆる苦悩から超越した立場へと高める。芸術の中にもまた、いろいろな段階があり、造形芸術の上に詩文学が位置し、文芸の最も完全なものは悲劇である。悲劇は、われわれを個人的な意志の闘争から解放し、われわれが自分たちの苦悩をいちだんと高い立場から見おろすことができるようにする。そのことによって、悲劇は一種の審美的な価値を獲得するのである。これはアリストテレスのいうカタルシス（浄化）に通じる。

芸術は人生の苦悩を緩和する。これがショーペンハウアーのテーゼである。芸術はわれわれに瞬間的・個人的なものの奥にひそむ永久的・普遍的なものを提示する。ゲーテも「人が世の中から逃げ出すのには、芸術によるのがいちばん確実である」と言っている。

ところで意志の闘争から、われわれをひっぱりだし、闘争のレベルを超えて高めてくれる能力を、あらゆる芸術の中で最も多くもっているのは音楽である。だからショーペンハウアーによれば、音楽こそが、芸術の最高位を占めるのである。音楽は他の芸術のように個々のイデアの、あるいは個々の事物の本質の模写ではなくして、本質である意志そのものを表現する。音楽は意志そのものの化身であり、「音楽の効果が他のもろもろの芸術の効果よりもはるかに力強く、はるかに迫力があるのも、まさしくこのためである。それはもろもろの芸術がただ影について語るだけなのに、音楽は本質について語るから」である。

ショーペンハウアーの美学の中で、音楽に関する教説は、実にすぐれており、現在にいたるも、彼の哲学的音楽論は色あせていない。

ショーペンハウアーは言う。「われわれの意志が音楽によって、静められるのはそのハーモニーのためである」と。われわれの存在の中のあらゆる隠れたる刺激が音楽の中で、なじみの、だが永遠にはるかなる天国のような平和の状態となってわれわれの中を通りすぎてゆく。しかしそれは一過性のものでいつも瞬間だけのことである。このように芸術的解脱は一時的であることが多い。音楽を頂点とする芸術は生からの解脱ではなく、むしろ生における快い慰めなのである。最終的な解脱に達するためには、われわれは芸術が演じる芝居から、真剣勝負の舞台へと移行しなければならない。芸術的解脱はまたすべての人々に可能というわけではなく、一部の人々にかぎられる。その意味で芸術は特権的である。ショーペンハウアーの哲学を貴族趣味の哲学であると非難する人たちの多くは、主としてこの彼の美学を念頭においているのである。

倫理学の基本構造

最後の第四巻になってはじめてショーペンハウアー思想の中核である倫理学が、われわれの目の前に現れる。のちの『倫理学の二つの根本問題』『続編、第四巻の補足』でも道徳に関しての彼の理想が詳述されるが、基本的な骨格部分はすべて、この第四巻の中に含まれている。最終巻である第四巻の題目は「意志としての世界の第二考察」であり、副題は「自己認識に達した場合の、生への意志の肯定と否定」となっている。冒頭の文でショーペンハウアーは、「われわれの考察のこの最後の部分（第四巻）は最も真剣な部分である」とその決意のほどを語っている。

これまでの考察で意志の発現である世界の実態は苦悩であり、だからあらゆる生も苦であるということが判明した。意志はいつもみたされずに不快と結びついており、苦痛こそが生における本来の姿である。それゆえ快や幸福は消極的なもの、つまり苦痛がなくなった状態という見方である。存在のもつ苦痛からわれわれが自由になるには、われわれはおのれの意志を沈黙させる必要がある。先の美学的考察では、永遠なるイデアを眺めることによって、意志が一時的にせよ、静められうることが指摘された。ではいったい永続的に意志を静めるにはど

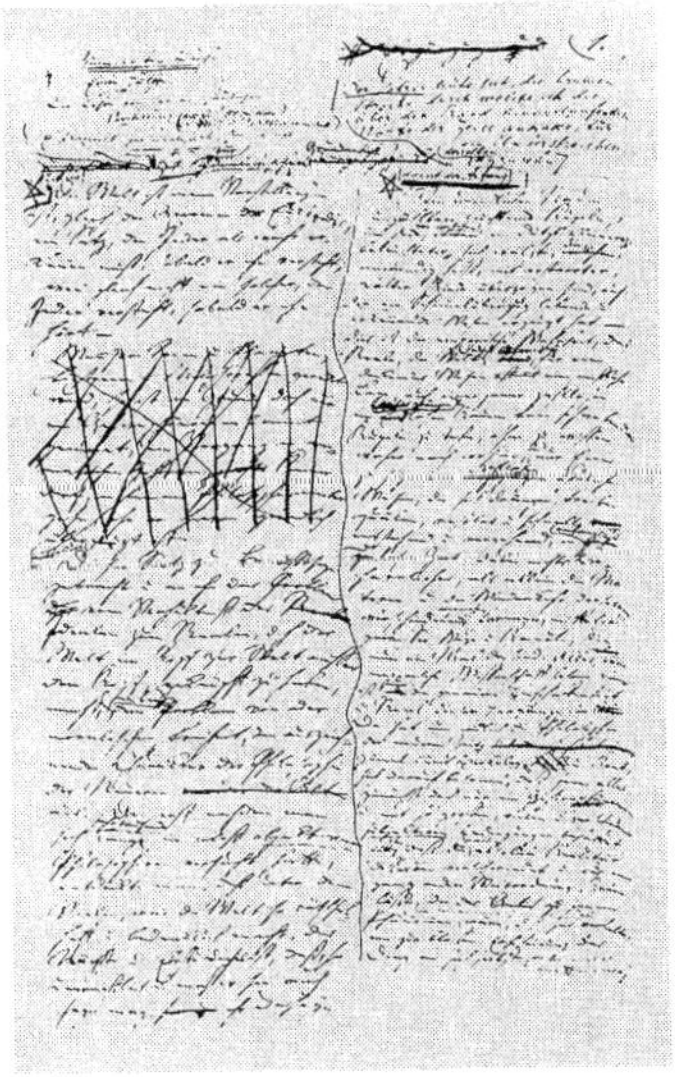

『意志と表象としての世界』の草稿

うしたらよいのだろうか。

ショーペンハウアーはそのペシミスティックな世界観によりわれわれに、苦悩と災いとしての世界を数々の比喩・例証をあげながら、くり返しくり返し示す。

たとえば、われわれが歩くということは、転倒するのが絶えず阻止されていることであるとか、われわれの肉体が生きているということは、死の不断の阻止であり、死がいつも猶予《ゆうよ》されているにすぎない、などと述べている。われわれは生まれることによって、すでに死に帰属しているのであるから、呼吸するひと息ひと息が絶えず侵入してくる死を防いでいるのであり、それはわれわれがシャボン玉をいずれ破れるとわかりながら、細心にできるだけ永いあいだ、できるだけ大きくふくらまそうとするのと同じことである。

われわれは、こういう方法で刻一刻、死と闘っている。死こそ労苦にみちた航海の最終目的地なのである。だからわれわれは、死の不安につながる現実の世界を直視する必要がある。そうすれば、われわれの世界よりも悪い世界はないのであるという自覚が促されるはずである。

これはもう生半可《なまはんか》な厭世主義などではなく、実に厳しい文字通りのペシミズム（最悪観）である。そしてこの最悪の苦悩の世界から、ひとはどのようにして抜けでることができるであろうか。物理的な方法では不可能である。抜けだすためには道徳による方法以外に道は開けていない。そして道徳的救済つまり恒常的な解脱は、根本的な意志否定をまって、はじめて得られるのである。一言で言えば、これがショーペンハウアー倫理学の基本的構造である。問題はどのようにして意志を否定するかということであるが、それについては、これから段階を追って見て行くことにしよう。

道徳に関してのショーペンハウアーの理想は、解脱の一語にこめられている。苦悩を克服して、その束縛《そくばく》から離脱し、絶対的自由の境地に達することが重要な目標である「意志の形而上学」で、彼は世界と人生とを意志の闘争の場であると観察した。

意志の否定による解脱

解脱の倫理学では、ショーペンハウアーはそれを受けて現実の状態の反対を理想とし、ニルヴァーナ（涅槃《ねはん》）の理想を唱えている。しかしニルヴァーナにいたる道は、論理的には説明され得ない性質のものである。なぜなら、その形而上学でショーペンハウアーは、世界の本質である物自体が意志であると規定したのにもかかわらず、ここではその意志の否定をよびかけているからである。

物自体が意志であるとするならば、われわれはいったいどうしてそれを否定することができようか。旧来の理性主義の哲学の立場に立てば、たとえその意志が非合理的なものであっても、それをそのまま肯定してゆくということになろう。それが論理的な筋道というものである。だがショーペンハウアーは、ここにいたって意志の否定を要求するのであり、これは物自体を意志と考える彼の哲学の立場からすれば、明らかに自己矛盾である。

否定という言葉を形式論理学の観点で考えれば、たしかにそうである。ショーペンハウアーの非論理的性格が指摘される場合、それはこのように形式論理学の観点でのことであり、むしろ意志の否定による解脱はそのような論理性を超えた、別の次元の問題であることに注目したい。

意志の「否定」とは、論理的否定を意味するのではなく、論理的地平に開かれたところの否定である。それはわれわれを論理では割れ切れぬ境地へと引っぱってゆく。この点にショーペンハウアーのインド哲学、さらには仏教との関わりがあるのである。それはある意味では死そのものとの対決を前提とする死生観といえよう。いかに死を克服するか。

死と生の意味

ところで、ショーペンハウアーの意志形而上学の全体系は死の恐怖との闘いと捉えることが可能である。死は生きとし生ける物につきまとって離れぬ宿命である。人は誰でも遅かれ早かれいつかは消滅してしまう。そうであるとすれば現《げん》に今息をして生きている自分自身はいったい何であるのか。幻のようなはかない存在ではないのか。人生には何か意味があるのか。このような問いは多かれ少なかれ誰の胸にも去来するものである。たしかに近世の科学的理性は、事物の関係を詳しく規定することを可能にはしたが、それによって存在の確実性をもたらしたわけではなかった。理性を通じて世界と人間とを観る場合、どうしても「見るもの」と「見られる世界」の関係になってしまい、「生きるもの」と「生きられる世界」という視点が欠落してしまう。

ここにおいてショーペンハウアーは、意志を通じて関わる立場に立つことによって、自分自身の個人的感情から直接に、生と世界との意味を問うたのである。すなわち知性の枠で世界の存在を測ろうとするのではなく、意志を通してそれを超えいでようとしたのである。そのため彼の哲学的立場は、後世からは非理性主義であるとか主意主義であるとかのレッテルを貼られる。だがそれは決して反動思想などではなく、真の存在としての「意志」が、いかなる合理性の秩序にも先立っているという点からすれば、むしろ彼の思想はラディカルな思想である。したがってそれはあらゆる形、あらゆるもの、特に合理的な考え方によって得られた科学の成果とか、オプティミズムによって決められた価値などに対しては否定性としてふるまう。つまりショーペンハウアーが伝えようとした思想は、むつかしい言い方をすれば否定性の深みにあらゆる肯定性を招きよせ、死の重みを論じたものと言えよう。死に重さがあるということは生にも重さがあるということである。

ところで意志が否定性としてふるまえばいかなる道徳も、それ自身肯定性のうちに完結することは許されず、その完成は当の「意志」自身が無に帰することによってのみ行われるのである。ショーペンハウアーの哲学はこうして世界の認識と価値を、ひとまずすべて根源的な「意志」の否定性にひきこみ、そこからものを考え直すことを訴えたのである。

われわれは、とくに近世という時代を形成してきた合理性の枠組みそのものに対し、それを破って問いを発する、このショーペンハウアーの姿勢に新たな哲学への契機を見出すのである。当時は十分な理解を得られなかった哲学が、時を経て今や「未来からの哲学」とよんでもいい感さえするようになった。われわれは、未来を先取りしたとも思えるショーペンハウアーの哲学の中に、平和哲学の芽ばえをも見ることが可能である。

またショーペンハウアー哲学のもつ今日性は、どこにあるかといえば、それはその背後にある素姓が西洋哲学でありながら、インド思想の導入によって、東西思想の交流の先鞭《せんべん》を告げたという事実の中にある。

核戦争の危機

われわれは、現在世界的な核戦争の危機の中にいる。そして平和の樹立こそが、今や全人類の共通の課題であることを感じている。平和樹立のための反核・軍縮運動は、政治的立場や信条の違いを超えたものとなる必要があろう。軍縮の実効は、核大国を含む各国間の不信の除去に始まり、相互信頼の確立によって期待できるものであるから、いろいろな場での対話が続くことが必要である。これは哲学についても言えることで、対話を通しての東西の思想の交流が、ますます活発になることがのぞましい。主客の差異を超えた古代インド人の考え方は閉塞《へいそく》状況下にある現代人を解放してくれるのではなかろうか。そしてショーペンハウアーの哲学は十分にその媒体としての役目を果たしてくれることと私は思う。

ショーペンハウアーの哲学が、カント・プラトンの影響を受け、西洋の思想的基盤の上に成立したものであることは疑いようもない事実である。同時に彼のうちには東洋の叡智も息づいている。ショーペンハウアーはウパニシャッドをラテン語訳で読み、その哲学に傾倒した。彼はウパニシャッドは「世の中で最も読みがいのある、最も品性を高める読みものである。それはわが生の慰めであり、またわが死の慰めとなろう」と語っている。個である意志と世界意志の同一というショーペンハウアーの考えは個我と普遍我とが同一であるというウパニシャッドの認識に通じるものである。ウパニシャッドの思想家たちは、人間の生き方、不死などの問題に非常な熱意をもって取り組み、真摯《しんし》に真理を探求した。ウパニシャッドの精神にショーペンハウアーが引きつけられたのはひとつにはこのような熱心さのためであった。

生と死について

第四巻「意志としての世界の第二考察」は、五三節から七一節までの全部で一九節の独立した小論から成り立っている。これに第四巻の補足（続編）第四〇章から第五〇章までの一一章が加わってショーペンハウアーの倫理学の骨格はできあがる。ただしこの「補足」出版以前に『倫理学の二つの根本問題』が刊行されており、読む者の側にその知識のあることが前提とされている。

生の追求

それではまず第四巻の内容を概観してみよう。中心テーマは人間のもろもろの行為に関わる「生への意志」である。意志は物自体であり、世界の内なる実質であり、世界の本質そのものである。表象としての世界においてはそこに現象するものは意志の鏡であり、この鏡の中で、意志は自分自身を認識する。だから意志の欲するものはこの世界であり、現にあるがままの生にほかならないという認識を得る。意志の欲する対象は、影が物体に離れることなくつきまとうように意志に付随するに違いない。それゆえ意志の現存するとき、生ならびに目に見える世界もまた現存するであろう。だから生への意志にとって生は幻などではなく、確実なものなのである。ここで注意すべきは生の意味が、死に対する反対概念としてばかりではなく、存在の根本としても把握されているということである。意志＝生＝根本の実在という図式である。

またここで言及される意志は、日常生活などによく見られる、こちらにしようかあちらにしようかという動機のもつれの間を選択するような意志のことではない。それはどこまでも、カント流に表現すれば定言的に生を欲して、盲目的に突き進むところの、理性では把握できないいわゆる非合理な衝動のことなのである。それが生きようとする意志つまり生への意志である。生への意志の世界はすでに触れたように激情と苦痛、闘争と災厄《さいやく》としての世界である。

ショーペンハウアーはその生涯を通して、一貫して死の対極としての「生」（レーベン）を追求した。一七世紀の哲学が「実体」を原理とし、一八世紀を支配した哲学が「理性」の哲学であったとすれば、一九世紀に入って「生」がはじめて哲学的範疇《はんちゅう》への仲間入りをした。そしてニーチェを経て、二〇世紀に及ぶ生の哲学は、その要素を多分にショーペンハウアーから受けることになった。

たとえば生の哲学者ゲオルク＝ジンメルがショーペンハウアーとニーチェとを彼らの精神史的地位において比較することから、その哲学を始めたことはよく知られている。ジンメルもショーペンハウアーと同じく、官学ではなく在野の哲学者であった。

意志があれば生があり、また生にとっては過去や未来ではなく、現在という時のみが確実である。ショーペンハウアーは『充足理由律の四根について』で、時間の問題に触れている。それによると時間をその形式として有している客観と、充足理由律（根拠の原理）のどの形態をも形式として有していない主観との接触点のみが現在という時を形づくっているのである。ところでいっさいの客観は、表象となった限りでの意志であり、主観はその客観の必然的相関者なのである。だが実在的な客観は現在という時制のうちにのみ存在するだけである。過去のうちに含まれたり、未来のうちに含まれるであろうものは、概念と空想の産物にすぎない。だから現在は意志の現象の本質的形式であって、この現象とは不可分である。

客観の形式は時間

経験的認識論の立場からすれば「現在」は最も移ろいやすい。だがショーペンハウアーの意志形而上学の立場では、「現在」はつねにあって動かず確固としたもの、最も移りにくいものなのである。この点でショーペンハウアーの考えはスコラ哲学のいわゆる「永遠の今」に似ている。現在をみたす内容の源泉にあたるものと現在を支えるものは物自体であるところの生への意志であって、それはまたわれわれ自身でもある。意志があれば生命があり、生命にとっては「現在」のみが確実である。

ショーペンハウアーはここで誰もがこう言ってよいと告げる。「私は断固として現在の主である。そして現在は永遠にわたって私の影のように私につきまとうだろう。だから現在がどこから来たのか、どうしてたまたま今という今が現在なのかということを不思議とは思わない。」時間は一刻もやまぬ水の流れであり、現在はその流れがぶつかっても、ついては行かぬ岩に似ている。だからわれわれは生以前の過去をも、死後の未来をも調べる必要はなく、意志がそれ自身現象する唯一の形式である「現在」を知ればよい。また「現在」が意志から逃れることもなければ、意志が「現在」から逃げることもない。つまり意志と「現在」とは切っても切り離せない関係にある。ということは意志の表れである生は「永遠の現在」と同じである。この観点に立てば死など恐れる必要はないということになる。たしかに個体として滅びる人間も種としては持続する。

死の恐れは錯覚

どのような方法によってでも生を肯定する者は、死を恐れるべきではない。自信をもって生を無限とみなし、死の恐怖を錯覚なりとして追い払うべきである。死の恐怖という錯覚はいつか「現在」を失うかもしれないといったような、いわれのない恐れを人間に起こさせ、あたかも「現在」というもののない時間があるかのように思わせる錯覚にほかならない。

死の恐れはこのように時間に関係するが、これはちょうど空間に関する他の錯覚と似ている。ショーペンハウアーは語る。すなわち誰でもが自分が今まさに立っている地球上の位置が上であって、他の場所は下であると想像しているようなものである。同様に誰でも現在を自分の個体性へ結びつけ、現在は個体性とともに絶滅するが、そのとき過去と未来とは現在なしにあるだろうと錯覚している。

だが地球の表面はどの場所も上であるように、いっさいの形式は現在である。だから自分勝手に死が「現在」をわれわれから奪うと思いこんで死を恐れるのは、今われわれが幸運にも表面上にいる円い地球からすべり落ちはしないかと恐れるのと同じでまったく愚かなことである。現在という時制は意志への客観化にとって本質的な形式であり、それは延長のない点にたとえられよう。「現在」は点のように両方向へと無限に延びる時間を切断して、不動に確固として存在している。それは夜のふところへ沈んで行くのは外見上のことで、実際には燃え続けている太陽のようなものである。それゆえ死を自分の絶滅として恐れる人間がいるとすれば、それはちょうど暮方になって太陽が「悲しいことだ。自分はこれから永遠の夜へ下りて行くのだ」と言って嘆く場面を想像するのと異ならない。

以上の論述からありのままの生に満足し、どのような仕方でもその生を肯定する人たちの場合、彼らの死に対する恐れというものがいわれのないものであることが、はっきりするであろう。これとは反対に生の重荷にうちひしがれるひと、生を欲し生を肯定しながら、生の責苦を厭《いと》うひとの場合はどうであろうか。世間にはふりかかった冷酷な運命にもう耐えられないというようなひともいる。しかしそのひとは死んだからといってその苦から脱することができるわけではない。また自殺して助かるわけでもない。

それは、暗い冥土《めいど》の影があたかも安息所であるかのようにいつわりの外観をして彼を誘いこむだけなのである。

自殺について

自殺について考えてみよう。すでに見てきたように、生きようとする意志にとっては、生こそが確実であって、その形式は現在である。意志の現象である個体が時間のうちにあって、いかに生じ滅しようとも、生の形式は終わりのない現在である。それゆえショーペンハウアーは、自殺についてそれが無駄な愚かな行為であると断言する。

ショーペンハウアーの蔵書票

わが国では、昔から彼の『自殺について』などの文庫本が出ていることから、その中味を知ることなしにショーペンハウアーが大胆な自殺肯定論者であるなどと思っているひとが多い。これはたいへんな誤解である。ちなみにH社の『哲学事典』は初版以来、このような重大な誤りを犯している。「死」の項目の解説の中で「釈尊の教えに影響されたショーペンハウアーは、むしろすみやかに終点にたどりつくこと（自殺）によって生、すなわち死の恐怖をこえようとした」とある。専門の事典がこうなのであるから、ショーペンハウアーの本を読んだことのない多くのひとがまどわされるのも無理はない。

はっきりしていることは、ショーペンハウアーの意志形而上学と自殺とは相容れない、ということである。一般には厭世《えんせい》の究極が自殺であるかのように考えられているが、自殺によっても困難な事態はいっこうに変わらないのである。したがって、日本でショーペンハウアーを厭世主義者とするのもこれまた当を得ていない。なぜなら本来の意味のペシミストは、厭世主義者とは同じではないからである。ショーペンハウアーは「中国学」の中で、「言葉をそれがもつ意味にとれ」と言っている。ペシミズムには「最悪」という意味はあっても「厭世」という意味はない。

ショーペンハウアーは、この世を最悪視するペシミストではあっても、世をはかなんで自殺をするような厭世主義者では決してなかった。彼の哲学によれば、死の恐怖は存在しても死は恐れるべきではないのである。これはインドのヴェーダの次のような教えの影響も考えられよう。「ひとが死ぬとその視力は日とひとつになり、嗅《きゅう》覚《かく》は地に、味は水に、聴覚は空気に、言語は火に合一する。すなわち死んではひとの力はことごとくその子に伝わり、それによって永続する。」

死を中心テーマに

さて現象としての個体（人間の場合は個人）に映じる世界は闘争と災いの世界であって、この観点での世界にあっては生は苦悩となる。そこでは意識が向上するにしたがって苦悩も増し、人間にいたって苦悩は最高度に達する。認識の光に照らされたどの段階においても、現象の世界に意志が現れる場合にはそれは個体として現れる。個体は無限な空間と無限な時間とのうちに有限な量としての自分自身を見出すのであるが、それは無限の時空に比べると消滅せんばかりの量である。個体がいつ、どこに現れるか、つまり個体の存在の時と所はつねに相対的であって、絶対的であることはない。というのは時間と空間は限界をもたないからである。人間の占める場所は宇宙の中のごく小さな部分にすぎない。個人の真の存在は現在のうちにあり、個人の現象としての存在は時の流れの中にある。

この現象の次元より見れば、現在がとめようもなく過去へととび去ってゆくのは、絶えまなく死へ移行していることを意味し、絶えまなく死んでいることになる。個人の過去の生というものは現在へとひきつぐ役目を終えればもはや死以外のなにものでもない。これがショーペンハウアーの考え方である。したがって生の過去の内容が苦痛であったか、あるいは快楽であったかはあまり問題とはならない。現在こそが問題である。だが現在は絶えず過去となりつつあり、現在の先の未来はまったく不確かな部分である。だから個人の存在つまり人生は、ショーペンハウアーによれば現在が絶えず死という過去に葬られ続ける不断の滅亡ということになる。

われわれの身体の生は、先に見たように死がひき続いて阻止されている状態なのであり、延ばし延ばされた死である。それはちょうどわれわれの歩くことが、それによって倒れることを防ぐ動作、つまり倒れることの不断の阻止でしかないのと同じである。呼吸するごとに侵入しようとする死をわれわれは撃退しており、毎秒死と闘っているのであるが、もっと長い間隔をおいてみれば、食事のたびごとに、睡眠のたびごとにわれわれは死と闘っているのである。だが最後には死が勝利を収める。このような死に対する見方は当時としてはペシミストの空想の産物と思われたことであろう。ちなみに近代医学によれば一秒一秒瞬間ごとに自分の身体の中の何百万という細胞がなくなって死んでいくことが指摘されている。そしてその数量分の細胞が補われてゆく。すなわち新陳代謝である。実際には外見は同じに見えても今の自分と一秒前の自分とでは違うのである。

死について考えた哲学者はショーペンハウアー以前にも多勢いる。だがたいがいの場合、死を現象学的に叙述するにとどまった。しかしショーペンハウアーはできるなら目をそらしたいと思われていた死の中味の問題に真剣に取りくみ、死の恐怖に正面から立ち向かったのである。死を哲学の中心テーマの一つにしたところにもショーペンハウアー哲学の特質がある。

死が最後に勝利を収めるということは、われわれが生まれたことによって自動的に死に引き渡されるということの帰結である。この点で死はのみこむ前にその餌食《えじき》をもてあそぶ猛獣に似ている。われわれは死ぬことがわかっていて生かされているのである。このように死に重きをおいて考えると、われわれが多大な関心と心配をもって生をできるだけ長く続けることは、ちょうどシャボン玉の破れることがはっきりとわかっていながら、できるだけ長く、大きくふくらませるのに似ている。この比喩は前の箇所でも使われたものである。

それでは生についての考察に進もう。先へ先へと延ばしに延ばされた死が生であるとするなら、その延長線上で生きられる生とはどのようなものであろうか。ここでショーペンハウアーは人間の一生というものは意欲と到達との間の連続的なくり返しであると規定する。すなわちわれわれは何かを欲し、その欲したことがかなえられるとさらにその先へと進む。それはとどまる所を知らない。これは動物の場合にもあてはまる。認識をもたぬいわゆる自然は休息もなく目標もなく、ただ生き続ける努力をする。この努力はつねに意欲と結びつき、それはあたかもいやされることのないのどの渇きのようなものである。のどの渇きというのは現象学的に見れば飲み水を得ることのできないいわば欠乏の状態である。

苦痛と退屈

ペシミズムの立場に立つショーペンハウアーは彼以前のオイデモニスムス（幸福説）と違って、むしろ欠乏の状態、つまり何かがかけている方を幸福の規準とする。それによるとすべての欲求の根底は必要であり、欠乏である(ドイツ語では必要も欠乏も同じ言葉で表される)。そしてこの欠乏というのは広い意味では苦痛の中に入る。このようにして動物と人間とは生きていく行為の上で初めから苦痛に引き渡されるのである。したがってあまりにも容易に満足が得られると、欲望の対象がただちに奪われてしまい、苦痛の状態は消えても、空虚がとってかわることになる。人間は欲望の対象をもつことができなければ、恐ろしい空虚と退屈とにさらされる。

人間の一生は大まかにいうと、時計の振子のように苦痛と退屈との間をゆれ動きながら前進していく運動にたとえられよう。苦痛と退屈はショーペンハウアーによれば生の究極の二成分である。人間の一生はことごとく意欲とそれの到達との間を流れ続けて行くものである。願望は欠乏があるから生じるのであり、それは本質的に苦痛であって、到達はやがて飽満《ほうまん》へと移行する。それまでなかったものが手に入る。すると所有はそれ以前の魅力を奪い去り、願望、要求は新しい形をとって現れるか、そうでなければ荒涼《こうりょう》、空虚、退屈がそれに続く。そして空虚、退屈との闘いは、欠乏との闘いと同じく苦しいものである。願望と満足つまり欠乏と到達との関係が、早すぎることもなく、遅すぎることもなければ、この二つから生じる苦悩は最少のものとなって、それが幸福とよばれる。

ふつうには幸福というと、輝ける幸福とかバラ色の人生などの明るいニュアンスで捉えられるのであるが、ショーペンハウアーの覚《さ》めた目は、幸福をマイナスのイメージで捉えるのである。したがってあらゆる満足またはふつうに幸福とよばれるものは、つねに消極的であって決して積極的ではないということになる。あるものがわれわれの方に向かってきてわれわれを幸福にするのではなくて、いつもある願望が満たされることによって幸福は生じる。願望（欲望）はどのような享受《きょうじゅ》にも先立つ必要条件である。満たされるとともに願望はなくなり、したがって享楽はやむ。だから極端な言い方をすれば満足や喜びというものは、苦痛、窮乏からの解放というだけのことにすぎない。

現実のあからさまな苦悩だけではなく、安楽をやぶる願望やあるいは生きることを重荷と思わせるほどの耐えられない倦怠《けんたい》もともに苦に属する。また何かを獲得したり、何事かを成しとげるということはそう容易なことではない。何事かをやろうとすれば、つねに困難や苦労がとめどもなく出現し、一歩ごとに障害が積み重なってゆく。最後に万事にうちかち望みが達せられたとしても、得られるものはいずれかの悩みから、あるいは願望から解き放たれるというだけのことにすぎない。したがって全体として見ればその悩み、願望の出現する以前の状態と同じことである。

直接に与えられるもの、つまり確実なものは、いつも欠乏でしかない。つまり苦痛である。満足や快楽はそれが得られると同時にやむところの、それに先立つ悩みと欠乏とを追想することにより生じる間接の認識である。だからひとは現に所有している財産や利点などをそれほど意識することもなく、重んじることもなく、むしろ当然のものと考えやすい。なぜならそれは消極的満足であって、単に悩みを防いでいるにすぎないからである。その価値はそれを失ってみてはじめてわかるのであり、積極的で直接に感じ、訴えるのは欠乏だけである。

あらゆる幸福は消極的

ひとが自分が切り抜けてきた病気や窮乏を思い出して喜びを得るのはこのためであり、このことのみが現在の所有物を楽しませる唯一の方法である。この点から言っても意欲の形式であるエゴイズムの立場から言っても、他人の苦悩を眺めたり、叙述したりしたものがわれわれに満足と喜びを与えることも否定できない事実である。ショーペンハウアーはここでルクレティウス（ローマの詩人・哲学者）の『物の本性について』の中から次の詩を引用している。

嵐が大海原に吹き荒れるとき
船乗りの労苦を岸辺より
眺めるのは快い
他人の苦しみ悩むさまが
おもしろいからではない
自分がそのような災害から
まぬかれているということが
快いのである。

しかしこのように自分の幸福を思って、そのことのために他人の不幸を間接的に喜ぶのは、本来の積極的な悪意にきわめて近いとショーペンハウアーは述べている。

あらゆる幸福は消極的な性質のものであって、積極的な性質のものではない。まさにこのために持続する満足や喜びというものはありえず、つねに苦痛や欠乏からの解放があるだけであり、そのあとには新たな苦痛とか、空虚なあこがれ、退屈などが続かねばならないのである。その証拠には文学においても、描くことができるのはいつも幸福をめぐる格闘、努力、闘争だけである。持続する幸福、完成した幸福そのものはほとんど叙述することができないのではないか。

以上のようにショーペンハウアーはあらゆる幸福は消極的であること、持続する満足というものは得がたいこと、幸福というものを苦の慰藉《いしゃりょう》料の如きものと考えるのである。すべて否定的消極的立場に視点を置いての立論のため、一見したところ、ショーペンハウアーの世界観は厭世主義ととられがちであるが、それは正しくない。厭世主義が、世界・人生には善よりも悪が多く、快よりも苦の方が多いから生きるに値しないとするのに対して、ショーペンハウアーのペシミズム（ラテン語で最悪主義の意）は文字通り、現実の最悪状態をありのままに認識することによってむしろそれに立ち向かうというもので、その姿勢は厭世主義とはまさに反対である。

オプティミズム論駁

ライプニッツは『弁神論』の中で、この世が考えられる限りの最善の世界であるというオプティミズム（最善主義）を唱えたのであるが、ショーペンハウアーはこの考えに対して次のように言っている。「どんなに根っからのオプティミストでも、もし病院、野戦病院、鋸《のこぎり》で足を切断するような外科の手術室を通り、監獄《かんごく》、拷問部屋、奴隷小屋を通って、そのうえ戦場、処刑場などをいくつか見せられ、ふだん冷い好奇の目から隔離されている暗い悲惨さのすみかが目の前に現れ、ウゴリノの幽閉されている飢餓の塔（ダンテ『神曲』地獄編）を最後に見せられたならば、ついには彼といえどもきっともろもろの可能な世界の中で最善の世界というこの世（ライプニッツ『弁神論』）がどんな種類のものであるかわかることであろう。ダンテは彼が叙述した地獄の材料を、われわれが現に生きているこの世以外のどこから手に入れたのであろうか？　しかもそれがまさしくりっぱな地獄になっているのである。これとは反対にダンテは天国とその悦楽《えつらく》を叙述する仕事にとりかかったとき、なんともいいようのない困難に直面した。なぜならわれわれの世界は実際、天国などに対する材料をまったくもちあわせていないからである。それゆえ彼に残された道は楽園《パラダイス》の喜びを叙述するかわりに、彼が彼の祖先、永遠の女性ベアトリーチェ(ダンテの恋人）そしてさまざまな聖者たちからおそわったことを、われわれに受け売りする以外になかったのである。」

では日本での場合を考えてみよう。わが国では天国も地獄も仏教に由来するのであるが、ここでもやはりショーペンハウアーの言うように地獄の方が、われわれには身近な存在である。昔から地獄変といって地獄を描いた絵があるが、閻魔《えんま》様が罪人の舌を抜く図、針のむしろ、血の海とどれをとってもそれなりに迫真力がある。やはりそこには現実の厳しい世界の反映があるからではなかろうか。これに対して天国の方はというと、仏教では極楽というが、お釈迦様と蓮《はす》の池、極楽とんぼなどが思い浮かぶだけでどちらかといえばムードの世界である。天国とか極楽はとてもありそうもない世界であり、地獄は現実の世界の延長線上にある。「聞いて極楽、見て地獄」という諺《ことわざ》が、庶民の知恵となって流布したのもこの間の事情を物語っている。

ショーペンハウアーによれば、キリスト教も決してオプティミズム（楽天主義）に好意的ではない。むしろ福音書ではそれとは反対に世界と悪とが、ほとんど同じ意味の表現として使われていることを指摘している。

このようなペシミズムの世界認識に基づいて意志がとるべき道は、意志そのものを肯定するか否定するかのどちらかである。

ショーペンハウアーの意志の肯定の定義は次のようである。「意志の肯定とはどんな認識によっても妨げられない永続的な意欲そのもののことを言い、それは一般に人間の生をみたしているものである。」つまり人間を支配している欲が、少しも認識に妨げられずに、持続的にその欲をつらぬき通すことである。意志の肯定というかわりに身体の肯定といっても同じことである。身体の肯定とはつきつめれば性欲のことであり、ショーペンハウアーにおいて初めて性欲という現象が哲学的範疇を獲得した。このことに関しては『意志と表象としての世界』の「続編」第四章が詳しく論じている。「性愛の形而上学」というのがそのタイトルである。この章はのちの『パルエルガ』の「女について」とも関連するのである。ショーペンハウアーは「性欲が生の決定的で最も強い肯定である」ことを主張したいがために、男女の性愛を男の立場から、かなり攻撃的かつ刺激的に語っている。

女について

ショーペンハウアーの哲学がよく「女性蔑視《べっし》の哲学」とか、ショーペンハウアーが「女性の敵」と言われるのは主としてここの部分によることが多い。現代の女性解放のウーマン・リブの闘士が聞いたら目をむくようなことを平気で言っている。有名な行《くだり》を二、三か所あげてみよう。

男はもともと恋愛において気が変わりやすい傾向があるが、女は一般に気が変わらない。男の愛は想いをとげた瞬間からはっきりと減退する。そうすると彼には他の女であればほとんど誰でもが　すでに今わがものにしている女より、ずーっと魅力的に見える。彼は変化を切望するからである。これに対して女の愛はまさにその瞬間から高まる。これは自然が種族を維持し、できるだけ強力にこれを増加させることをめざしていることの結果である。つまり男は彼にそれ相当の数の女があてがわれるならば、一年に百人以上の子供でもつくることができる。ところが女は、いかに多くの男と交《まじ》わっても一年に一人の子供しか生むことができない。それゆえ男はつねに他の女に目を移すのである。これに反して女はほとんどただ一人の男に執着する。というのは自然は女が本能的にごくふつうに、生まれてくる子の養育者となり、保護者となる男をつかんで離さぬようしむけるからである。したがって夫婦間の貞節は男には人為的であり、女にとっては自然である。それゆえ女の姦通《かんつう》は、男性の姦通よりはるかに許しがたい。

われわれの選択と好みに影響する最も重要な要素は年齢である。大体においてこの年齢は生理が始まってから終わるまでの期間と考えてよい。しかし一八歳から二八歳までの期間が最もよい。これに反してこの年齢以外の場合、どんな女もわれわれには魅力的でない。年老いた、つまり生理の終わった女はわれわれに嫌悪《けんお》の情をもよおさせるだけである。美しくなくても若い女はつねになお魅力を有する。しかし美しくても若さがなければ魅力はない。この場合、われわれを無意識に導いている意図が生殖一般の可能性であることは明らかである。それゆえすべての個体は、生殖あるいは受胎可能な時期から遠ざかるに従って異性に対する魅力を失う。

このように性愛が生殖の観点からのみ論じられるのであるが、それはショーペンハウアーが、個体（人）は種属に従属すると考えていることによる。したがって配偶者を選ぶ場合にもわれわれは自分では知らずに無意識に、盲目なる意志の命ずるままに種族のために行動していることになる。性的にひかれるということは自分の心の中に子供をつくるのだという意図がひそんでいる証拠である。

また若いときに骨相学を学んだことのあるショーペンハウアーは、骨が種族の基本となるとして骨を重視する。さらに肉づきのよさも問題になる。なぜなら肉体の豊満さは胎児に十分な栄養を約束するからである。

それゆえ女がひどくやせている場合はわれわれにはっきりと拒絶反応を起こさせる。豊満な女の乳房が男たちに非常に魅力的であるのは、それが女の生殖機能と直接関係があり、新生児に豊富な栄養を約束するためである。しかしあまりにも肥満しすぎた女はわれわれに嫌悪感をもたらす。その理由はこのような体質は子宮の萎縮《いしゅく》を、つまり不妊を意味するからである。このことは頭でわからなくても本能でわかる。最後に問題となるのが顔の美しさである。ここでもまた特に骨相が大切である。この点美しい鼻が主として注目され、短く上を向いた団子鼻ではすべてぶちこわしである。鼻が少々上向きか下向きかで生涯の幸福を決められ、涙をのんだ娘たちの数ははかりしれない。

母との不和の影響

また別の箇所でショーペンハウアーは、根本的にみると男は肉体においても女と比べてはるかに美しいとか、「女が精神的にも肉体的にも偉大な仕事をするのに適していないことはそのからだつきを見ればわかる」などと手厳しいことを言っている。

背の低い、肩幅のせまい、尻の大きい、足の短い種族（女）を美しいものなどとよぶことができるのはただ性欲のためにぼけている男の知性だけである。すなわち女の美しさというものはまったく男の性欲の中にひそんでいるのである。むしろ女性はこれを美しいものとよぶよりは、非美学的《ウンエステーティシュ》なものとよんだ方がはるかに正当であろう。音楽に対しても、詩に対しても、造形美術に対しても、じっさい正直なところ女たちはなんのセンスも感受性ももちあわせていない。そのようなものに女たちが感激したようなふりをするなら、それはただ男に取りいろうとするまねにすぎないのである。これは女たちにはある事物について純客観的な関心をもつ能力が欠けているからで、その理由は私の考えでは次の通りである。男は物事を理解するなり、ねじふせるなりして物事の直接の支配をめざす。しかし女はいつどこにおいてもただ間接的につまり男という媒介を通して支配するよう定められている。そして女が直接に支配できるのは男だけである。それゆえすべての物事を男を獲得するための手段としてのみ眺めるというのは女の天性に属するのであり、それ以外の他のことに対する関心はいつもただ見せかけの単なる回り道にすぎない。すなわちそれは結果として媚態《びたい》や猿まねに終わるのである。だからルソーもすでに言っている。「女たちは芸術を愛さず、芸術がよくわかっていない、そして芸術に対して天才をもたない」「一般に女たちは芸術を愛さず」……さらに女たちにまた何も期待できないことは次の事を考えればわかる。つまりあらゆる女性の中で最もすぐれた頭脳をそなえたものたちでも、美術の分野において、真に偉大で純粋かつ独創的な業績を何ひとつもたらすことができなかったし、一般に何かしら永続的な価値をもった作品をただのひとつをも発表することができなかったのである。これは絵画に関して最もきわだっている。というのは絵のテクニックというものは少なくとも男女差があるわけではなく、それゆえ女も熱心に絵を描くのであるが、しかしただひとつの傑作をも示すことができないのである。なぜなら女には絵画に最も必要とされるところの精神の客観性がまるっきり欠けているからで、主観の枠からぬけきれないのである。……女は全体として最も徹底的なそして最も救いがたい俗物であり、いつまでも俗物のままである。それゆえ妻が夫の地位と称号を共有するというまったく不条理な制度のもとでは、妻は夫のいやしい野心をたえずかりたてる存在となる。さらに同様に女がでしゃばったり音頭をとったりすることは現代の社会の堕落につながるのである。……女は「劣等の性」（アプレイウス）であり、あらゆる点で男に劣る第二の性である。したがってその弱い点はいたわってやるべきであるが、女に敬意を表するなどということは途方もなくばかげたことであり、女の目から見た場合でもそんなことをすれば男の品位をさげることになる。（「女について」第三六九節）

これらの言説によりショーペンハウアーは女性軽蔑者という不名誉な烙印《らくいん》を押されたのであるが、たしかにこれらの部分だけを取りだしてみれば、それもうなずける。だが彼の哲学体系からすれば、種族の生命、種族の維持ということが、あくまで頭の中にあり、そのために子孫に生命を託する性欲を強調するあまり女性をこきおろすようなことをしたのではなかろうか。というのはショーペンハウアーによれば知力の発展は生殖しようとする意志を弱め、ついには種族の廃絶をもたらすからである。しかし心理学的に見るならば、女性に対する彼の意識に、母親との不和が深く影を落としていることはいなめない。

エゴイズムの根拠

ところで意志の肯定にもいろいろな段階がある。たとえば身体が身体そのものの力で維持されるのは非常に軽い程度の意志肯定である。もし故意にこの段階にとどまるならば、身体が死ぬと同時にそのうちに現れていた意志も滅びると考えてよいであろう。だが性欲の満足はすでに短い時間をみたすところの自分だけの生存の肯定を超えたものであり、それは個体の死後までも長い時間にわたっての生の肯定を意味する。新しい生命は性交の結果、時間と空間と因果系列のうちに、つまり自然のうちに現れる。そのさい生まれでるものは生むものを前にすると、現象に関しては別のものに見えるが、それ自体としては、言いかえるとイデアの上からすると生むものと同一なのである。であるから生物のあらゆる種は性交によって、全体と結びつくのであり、そして不朽化される。自然は個体を使って種の繁殖をはかるが、その目的を達してしまえば、個体の滅亡に関してはまったく無関心である。というのは自然が配慮するのは種の維持だけであり、個体は自然にとって無に等しいものであるから。

さて自然界においては、あらゆる種類の個体の間で絶えまない闘争が続けられている。ショーペンハウアーはあらゆる闘争の出発点にエゴイズムがあることを指摘した。エゴイズムは自然の事物すべてに本質的なものである。

「すべてのものは、私のためにあり、他人のためには存在しない。」これが人間のエゴイズムの表現である。ショーペンハウアーは、エゴイズムを説明するのに「万人の万人に対する戦い」(ホッブス『リヴァイアサン』)などをも例証として引き合いにだしている。まさにエゴイズムを通していろいろな恐ろしい衝突がむきだしになるのであろう。というのは個体にとっては自己の存在とその維持こそが、他のすべてのものより重要なのであるから。誰でも自分の死に対しては、世界の終わりをみてとるが、他人の死ともなれば、個人的に何か関わりでもない限り、ほとんど関心のない事柄として受け取る。それは各個体が自分を世界の中心であり、核であると考えているからである。もっともこれは各個体にとって直接に与えられているのは、自分自身の存在であり、他人はただ間接にその表象を通して各人の頭の中に与えられるにすぎないという事実による。つまり直接であること（直接性）がその権利を主張しているのである。

共苦＝同情の倫理学とインド哲学

世界は「生への意志」の現象　世界というものは、それがまことに多様な形をしていても、とどのつまりは一つの意志が表れたものである。つまりはそれは「生への意志」が現象したものであり、客体性（客観となったもの）の総称である。

ショーペンハウアーはここでもくり返す。世界が意志であるならば、それは苦悩の世界であるに違いない。意志そのものが欲望であり、しかもその意志はつねに自分自身でもつことができるよりもさらに多くのものを、つかみたがるからである。一つの欲望が充足するたびに、まだ満足させられていない欲望がいくつも残る。欲望に終わりはなく、満足は限られている。だからわれわれが意志の主体である間は、われわれのもとには決してながく続きする幸福も休息もおとずれない。

ところで存在そのものと存在のあり方も、ただ意志から生じるのである。意志は自由であり、なんでもすることができる。そしてわれわれの目に映じる世界は、単にこの意志の欲望を映す鏡であるにすぎないという。すると世界が含むあらゆる有限性、あらゆる苦悩、あらゆる悲惨さは、意志が欲するものの表現に属しており、意志がそのように欲するからこそ、そのようにあるということになる。

　これらの点は仏教のいわゆる如是相《にょぜそう》と同じである。仏教の思想の核心は唯識論で、それは思うということがただちに在《あ》るということに結びつく哲学である。そして仏教では思うということが意志の働きであるから、意志があればただちに事物は存在するという。意志のあるように世界もあるのである。これが如是相である。

　事物の真の本質に従えば誰でも生への確固とした意志をもっている。ひとは全力をもって生を肯定する限り、その帰結として世界の悩みすべてを、彼自身のものとみなさなければならない。それどころかすべての単に可能であるにすぎない苦しみをも、自分自身にとっては現実的なものとみなさなければならない。これは他人の立場に自分の身をおいてみるということである。

同情＝共苦の思想の出現

　事実世界には無数の苦しんでいるひとがいるのである。しかし、苦しんでいるひとも、偶然に楽しんでいるひとも、その相違は現象面でのことであり　物自体である意志にはあてはまらない。意志はあらゆる現象の即自態《ダスーアンジツヒ》であるからである。したがって他の人たちの身におきた苦悩も自分の身に生じた苦悩も、また悪も、災いも、もとは同根でいつも唯一の同じ本質に連なっているということである。

　ここから、ショーペンハウアーの倫理学における自己と他者との区別否定の考え、さらには道徳的価値の最上位を占めるという「共苦」がよび起こされ、いわゆる「同情＝共苦」の思想が結果的に出現する。

ショーペンハウアーの倫理学は、「こうせよ」、「ああせよ」などと行為のきまりなどを定めた修身的な道徳論ではない。その倫理学は、ショーペンハウアーの哲学の全体系が行きついた最高点であり、その総決算ともいえるものである。彼の唱える意志の形而上学は、「自他の区別というものは時間・空間という個体化の原理が支配しているわれわれの現象世界のみのことであって、あらゆる個体はその本質においては同一である」という理解のもとに成り立っていた。意志の肯定の段階では「生への意志」はつねに満たされぬ個別的、利己的な欲望を追求するため、人生は苦悩となり、われわれの世界は考えうる限り最も悪い世界であるとされたのであった。ショーペンハウアーが、これに対して、苦悩の世界から脱出するには「意志の否定によるよりほかに方法はない」と断言しているることはすでに見た通りである。彼はこの主張を何度も何度もくり返すのであるが、主著の中で意志否定の具体的方法についてはどこにも述べていない。

「意志否定」という結論はわかっているのであるが、そこへの道筋の発見および解釈は、読者の側に委《ゆだ》ねられていると言ってもよい。ただ意志が世界を成り立たせる根本であるとしながら、その意志を否定するということは、論理的にはできない。彼が構築してきた意志形而上学は、それによりその基盤を失い崩壊してしまうからである。

ショーペンハウアーはこの点で、西洋の論理的思考から、東洋の瞑想的思考へとその関心を移したものと思われる。「不合理なるが故に我信ず」の宗教の世界、カントのいう物自体としての道徳界などが意志否定の基盤となろう。ショーペンハウアーの場合は、ヴェーダーンタと仏教が、その舞台となろう。

私は、意志否定の問題はこのように論理的にではなく、倫理的に捉える必要があるように思う。つまり意志否定を利己的自我の否定、自己と他者との区別の否定という次元で考えてみたい。それによって、新しい共苦の思想という地平が開けるのではなかろうか。これについてはのちほど改めて論述したい。

インド哲学への接近

ところでこのようにして第四巻の後半では、倫理的解脱への道が模索されるのであるが、その論調はだんだんと宗教的な色合を深めていく。ショーペンハウアーがインド哲学の深い叡智にひきつけられ、自らの思想と相通じる要素をそこに見出したということにはすでに触れた。ことにヴェーダーンタ哲学がそれにあたる。ヴェーダーンタとは「ヴェーダの最終」という意味である。つまりヴェーダーンタ哲学というのは、古代インドの「ヴェーダ聖典」の終結部分をなす「ウパニシャッド」の研究を中心にして生まれた哲学の呼び名である。

ショーペンハウアーは、表象としての世界の根底にある物自体を意志と規定したが、彼はその意志をヴェーダーンタ哲学における最高実在、梵（ブラフマン）と同一視している。もともと一つである意志は、「個体化の原理」によって、多数の、互いに対立する個体の世界となって現れるが、彼はこの「個体化の原理」を「マーヤーのベール」とよんだ。マーヤーのベールとはヴェーダーンタ哲学の用語である。

主観的な表象の世界、つまり多様性をもった現象界は、魔術師によってつくりだされたマーヤー（幻影）のように、ただ仮に現れている虚妄《きよもう》のものにすぎず、真実に実在するのは、ただ一つブラフマンのみである。これがヴェーダーンタの教説である。

ショーペンハウアーはこの教えをまさに彼自身の思想に合致するものとしてとりいれた。しかしインド哲学者たちから、しばしば指摘されているように、ショーペンハウアーの「意志」とヴェーダーンタ体系における「ブラフマン」とは同じではない。ブラフマンは非人格的な純粋存在であり、全にして一なる宇宙の最高原理である。したがって自然界の諸事象も、個体の人格的な意志やその行動も、すべてブラフマンの上に委ねられた虚妄のものとされる。一方ショーペンハウアーの「意志」は、さまざまな自然力や人間の意欲あるいは行動となって現れるものである。

ショーペンハウアーは、またブラフマンを「誰もの中にあり、生き、苦悩し、解脱を望むもの」と説明している。これは自分の意志形而上学へとひきよせて解釈したショーペンハウアーのブラフマン観といえよう。ところでショーペンハウアーが「マーヤー」の概念をどこから学んだかははっきりしていない。彼は「インドの太古の聖賢が語るところによれば」としているが、当時ヨーロッパにおいて比較的よく知られていたシャンカラの学説によったのであろう。シャンカラは八世紀の前半にインドで活躍したヴェーダーンタの学者である。彼は後代までインド思想界に強い影響力を与え続けたという。

シャンカラはしばしば実在性をもたない現象をマーヤーにたとえている。それはもっぱら虚妄のもの、つまり仮に姿を現しているだけで実在性をもたないものに対する呼び名といえよう。この点でショーペンハウアーにおけるマーヤーの観念もシャンカラのそれと同じである。だからショーペンハウアーは、「マーヤーのベール」によって実在が覆い隠されている状態を、ヴェーダの中の次の比喩によって説明するのである。

「やがては死ぬ人間の眼を覆って、それを通して人間に世界を見させているのは、マーヤー、つまり、いつわりのベールである。そのような世界はあるともいえないし、また、ないともいえない。なぜなら世界は夢に似ていて、旅人が遠くから見て水かと思う砂上の太陽の照りかえしのようなものであり、あるいはまた、旅人が蛇かと勘違いする投げすての縄に似ているからである。」

ショーペンハウアーの解釈　ところで大乗仏典の中には、マーヤーが幻影を意味する例が多く見られ、シャンカラもこの用法を大乗仏教からとりいれたのである。ショーペンハウアーと仏教との関係も、ヴェーダーンタ哲学との関係以上に緊密といえよう。たとえば、大乗仏教の経典の中でも、比較的よく知られた「法華経」には、「あらゆる存在は、幻や夢を本性とする」と説かれている。ただし、ショーペンハウアー自身は大乗仏教の経典は、原典はもとより翻訳でも読んだことはなく、もっぱら当時の諸学者の著作から、その知識を吸収したらしい。

主要なウパニシャッドや、大乗仏典の本格的な英訳、独訳（ドイセンの訳）が現れたのはショーペンハウアーの死後のことである。当時は原典のサンスクリット語を読める学者の数がまだ少なく、インド古典研究は未熟な段階にあった。したがってショーペンハウアーのインド思想理解に多少の混乱が見られるのは時代の制約のためでもある。ショーペンハウアーの頭の中には、ヴェーダーンタも仏教も同じインド思想として、いっしょくたになっていたものと思われる。

たしかにデュペロンによるウパニシャッドのラテン語訳は、今から見れば間違いの多い不完全なものである。だがこれもショーペンハウアーにとっては、かえって都合がよかったのかもしれない。なぜならその本筋だけを捉えて、自説に引きよせて解釈することができたからである。もともとウパニシャッドは、宇宙の原理としての梵（ブラフマン）に関する哲学的思弁の集大成であるから、これを研究するヴェーダーンタ哲学の中心は存在論であって、道徳論ではない。しかしショーペンハウアーはウパニシャッドを倫理的側面に重きをおいて解釈をした。ヴェーダが宗教の聖典であるから、ウパニシャッドに宗教的なものと倫理的なものとの並存がみられるのも、また事実である。ヴェーダ聖典全体を見れば、宗教的なものと倫理的なものは、互いに補い合い、調和し合って、ひとつの哲学を形成している。

梵と我

ショーペンハウアーが主著第四巻の後半で、倫理的解脱への道を模索するとき、ヴェーダ聖典の教説をさかんに引用するのは、この特質のためであろう。「意志」の完全な否定による解脱は、論理の世界を超える次元で、倫理的なものと宗教的なものが互いに補完し合って、可能となるように私には思われる。

ヴェーダのウパニシャッドをショーペンハウアーは、人類の根源の叡智とよんで称揚《しょうよう》し、その表現方法、特徴などを次のように具体的に要約している。

「ヴェーダは、人間の最高の智恵と認識の果実であり、その核心はウパニシャッドの中にある。そしてそれは今世紀最大の贈り物として、ついにわれわれ（西欧人）の手にも届けられるにいたったのである。ウパニシャッドはいろいろなやり方で表現されている。しかし特に用いられる方法は次のようなものである。生あるものもないものも、この世のあらゆるものが、教えを受けようと思っている弟子の眼の前に、次から次へと連れてこられ、その一つ一つの上にあのきまり文句となったマハーヴァーキャ（根本的な真理という意味）とよばれる言葉が、発せられるのである。〈タトウメス〉tatoumes というのがその言葉である。より正しくは〈タト・トヴァム・アシ〉tat twam asi というのであるが、それは〈これこそ汝である〉という意味である。」

〈これこそ汝である〉あるいは〈汝がこれである〉は、サンスクリット語では、〈タト・トヴァム・アシ〉であるが、ショーペンハウアーは〈タトウメス〉の方でなじんでいたらしい。ウパニシャッドのペルシア語訳「ウプネカット」には、そう翻訳されているからである。〈タト・トヴァム・アシ〉は、ヴェーダの中で真理を伝える定式であり、このきまり文句のよびあげによって、弟子は「梵我一如」を悟らせられる。

世界の唯一の実在であり、宇宙の最高原理としての梵（ブラフマン）が、個別化された「汝」と一体であることの悟り、これはウパニシャッドの認識論的一元論の表明である。「ウプネカット」によれば、次のように説明されている。「汝がこれである」というのは、内在的な永遠の自己である我（アートマン）が、宇宙の絶対我ブラフマンと同一であるという自覚である。これこそが一切の絶対原理である。師が弟子に大木の果実をもってきて、それを割らせる。さらにその中の小さな種を割らせて、何が残るかと質問する。弟子は何も残らないと答える。そこで師は、「汝の見ることのできないほど微細なものから、このような大木が発生した。それがアートマンである。〝汝がそれである〟」と

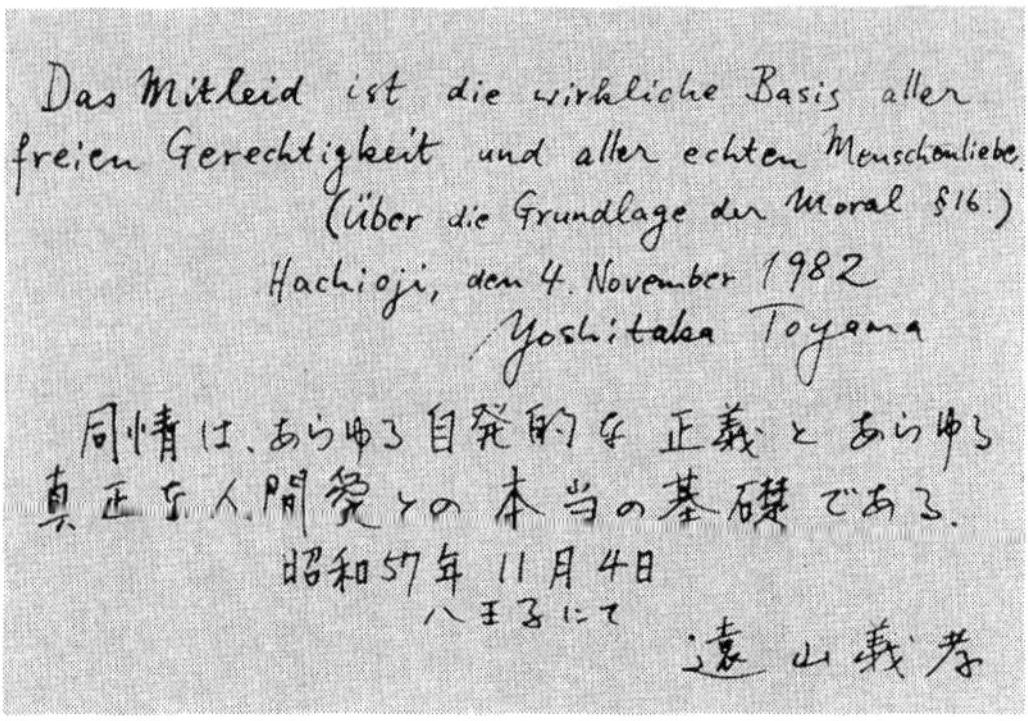
Das Mitleid ist die wirkliche Basis aller freien Gerechtigkeit und aller echten Menschenliebe.
(Über die Grundlage der Moral §16.)
Hachioji, den 4. November 1982
Yoshitaka Toyama
同情は、あらゆる自発的な正義とあらゆる真正な人間愛との本当の基礎である。
昭和57年11月4日
八王子にて
遠山義孝

ショーペンハウアー「ことばの花束」（1982）より

いう。

ここでは、アートマンとブラフマンの同一性が極細の種子と大木との関係にたとえられているのであるが、この目に見えないつながり方をショーペンハウアーは倫理的に捉えようとした。

共苦＝同情の意味

彼の共苦（同情）の倫理学はこの観点から生まれた。ドイツ語のミットライト（同情）という言葉の原義は共に苦しむということである。一緒に苦しむことから、同情や慈悲の気持ちが生まれるのである。ミットライトには共苦と同情の意味合いが同時に含まれているのであるが、日本語ではそれが表せない。そこで共苦という言葉をつくって、今後両方の意味を含ませることにしたい。「共苦」には行為として働く動詞的な、より積極的な意味をもたせたつもりである。

共苦はショーペンハウアーによれば、道徳的行為の段階において最上位に位置する。このことを彼は非常に簡潔に次のように表現している。「共苦（同情）は、あらゆる自発的な正義とあらゆる真正な人間愛との、本当の基礎である。」

ところで共苦は教えられて身につくような性質のものではなく、それはゲーテの言うウアフェノメーン（根源現象）である。他人の困窮を見て、ただ助けるという意図以外のいかなる下心ももたないで、助けたり、与えたり、行ったり、あきらめたりする。これが共苦の現象である。共苦には人間をして互いに善をなすようかりたてる力がある。初めは一人一人の間に生じた共苦が、さらに広い範囲へと広がっていく。宗教、共同体、最終的には諸民族、全世界へと共苦現象の輪が広がったら、どうなるだろうか。たしかに現実の世界を見れば、このような考えはユートピア的な空想と映るかもしれない。

だがこのユートピア的思考は、共苦を通しての愛をめざすものだけに、国家間の不信感を取りのぞき、平和樹立への道をひらくものと思う。

実践哲学の優位——カントの影響

平和哲学への可能性

私はすでに述べたように、この点にショーペンハウアー哲学の新たな可能性、つまり平和哲学への可能性を見出すのである。われわれは今核時代に生きている。全面核戦争が起これば、人類という種は絶滅するであろう。ショーペンハウアーの言う種の存続もなくなるのである。これが地震、洪水、かんばつなどの天災による滅亡ならば、まだあきらめもつこう。だが核戦争は人間の手によって起こされるのである。

第三次世界大戦は、さいわいなことにまだおこっていない。ところが局地戦争、紛争の類は地球上に絶えまがない。われわれは核時代という大きな枠の中で、戦争の絶えまのない時代、ますます強まる新しいナショナリズムの時代を経験している。

一方経済的な面から見れば、南北の時代といわれるように北の先進諸国と南の発展途上国との格差は歴然としている。北にあっては、現代は快楽主義の時代ともいわれる。われわれは先進諸国の富が、開発途上国の犠牲の上に築かれている面があることを否定できない。貧しい国々の人たちが貧しくあるのは、なにも彼らのせいばかりではないのである。今やすべては地球規模で動いているからである。人工衛星の飛びかう現在、われわれは文字通り、あらゆる意味において宇宙船「地球号」の一員となったのである。また核戦争の危機の前に、人間皆兄弟の考えはいっそう身近なものとなり、その実現が待たれる。人類の種としての存続のために、誰もがまずは隗《かい》より始めよである。

この時にあたって、共苦の原理に基礎をおくショーペンハウアー倫理学は、諸国家を結びつけ、その融和につとめ、同時に本来の意味における倫理―社会的な課題を担うにふさわしいものと思う。それはイデオロギーなどの覇権争いに対して、人類の責任を、つまり種として生き残るための責任を厳しく問いかけることであろう。

ショーペンハウアーのいう世界苦は、現代におきかえれば、直接の戦争ばかりでなく、飢餓の問題、貧困、抑圧、人種差別、社会的不公正などのいわゆる構造的暴力をも含むものである。われわれはいったい何をなしうるか。他人の痛みを自分の痛みとして感じとる。これが道徳的行為の第一段階である。そのあとに痛みからの解放が続かなければならない。苦痛からの解放、つまり苦悩からの解脱と、真の平和は根底において同一である。ショーペンハウアー自身こう述べている。

「私は、太古のインドの芝居がいつも終わる間際に行う祈りの言葉ほどすばらしいものを知らない。それは、すべての生き物が苦痛から解き放たれてありますように、というものである。」

ウアフェノメーンとしての共苦は、経験以前の本来の意欲に属するものであるから、道徳行為の規範としての役割を果たすことが可能であると思う。経験の世界におけるもろもろの共苦現象もその根底には、経験以前のつまりアープリオリの共苦をもっている。

カント哲学を継承して

ショーペンハウアーの倫理学は、昔の修身教科書に見られたような道徳訓話などではなく、道徳の成立根拠を哲学的に追究し、その上で実践面の理想に解脱を掲げたのである。この点、自称カンティアーナー（カント学徒）のショーペンハウアーは、たとえ無意識的にせよ、やはりカントにならったのであった。ショーペンハウアーの意志哲学の頂点には、その倫理学が位置する。

もちろんカントのように、その倫理学は体系化されてはいないが、主著の最後の第四巻（倫理学）に彼の哲学の成果がすべてつめこまれていると言っても過言ではない。ショーペンハウアーは主著の最初の方で、カントの学説を受けついで、その観念論を展開したのであるが、自分の主張はあとの巻の方にもっていった。だから、これから直接ショーペンハウアーの哲学を勉強してみたいと思う人には、主著の第四巻から読み始めることをおすすめしたい。第一巻から読み始めて、長々と続く観念論の描写にあきて、途中で本を置いてしまうということのないためにも。

アメリカのデューラントという学者が、その著『ショーペンハウアー』の中で、主著『意志と表象としての世界』の構成上の問題点として、このことを次のように指摘している。「観念論の描写がこの著書の独創的な部分を構成する力は極めて少ないから、これを始めにおくよりもむしろ終わりにもってゆく方がよかったであろう。世界はショーペンハウアーを見つけ出すのに一世代もかかったが、その理由はじつに、彼が最初にその最も力の弱い側面を示して、彼の独自の思想を、他人から引きついだ観念論の二〇〇ページにわたる障壁のうしろに隠していたという点にあるといえよう。」とはいうもののカント哲学の核心をしっかりと把握していないと、ショーペンハウアーの哲学を真に理解するのはむつかしい。

われわれは、カントが認識において「現象」と「物自体」の区別をしたことについてはすでに何度か触れた。だが、なぜにわかにカント以来、道徳論が重要性を帯びるようになったかについては、まだ言及していなかった。ショーペンハウアーの場合も、カントと同じく道徳・倫理の問題に関わる実践哲学が、認識の問題に関わる理論哲学に対して優位を占めている。そこでこのさいカント哲学の重要な点を、簡単にまとめておこう。それはショーペンハウアー哲学の理解のためばかりではなく、平和を考えるためにも必要と思うからである。

カントの批判哲学とは

カントは、知識問題をそれぞれ経験と理性とに基づいて展開した一七世紀以降のヨーロッパ哲学を受けて、その批判哲学を樹立した。それはスコラ的な形而上学、つまり独断的な従来の合理主義的形而上学を退けることによって可能となった。そのきっかけの一つとなったのは、ヒュームの因果律批判である。因果律とは原因と結果の間には、

ショーペンハウアーとカント
オーラフ＝グールブランソン筆

必然的なつながりがあるとする法則のことである。ヒュームはすべての知識が経験に基礎をおくことを主張し、感覚的な印象を重視した。彼によれば、自然科学の基礎となっている因果律も、結局は印象から生じる連想のくり返し（感覚の束）、つまり慣習にすぎないということになる。原因と結果の結合が、理性による必然的なものではなく、気ままなものであるというヒュームの因果律批判は、それまで疑われることのなかった自然科学的法則の正しさに疑問を投げかけるものであった。いわゆる懐疑論である。

　感覚的に経験することのできる自然科学でさえ疑わしいとするならば、まして感覚的に経験することのできない、何ら経験的なものを含まない形而上学のようなものは学として成り立つことができないであろう。このことが合理主義的形而上学の無謬《むびゅう》性を信じて疑わなかったカントに非常なショックを与えた。カントの「独断のまどろみ」はこうして覚まされたのである。しかしカントは自然科学的な知識の正しさをヒュームのように疑うことはできなかったし、また宗教的なものへの信仰をすてることもできなかった。

　カントがここで自覚したのは、疑われ否定されねばならないのは独断的な形而上学であって、自然科学的法則の正しさでも形而上的なものへの関心でもないということであった。そこでカントが意図したことは、近世の自然科学的認識のもつ確実性を十分に考慮しながら、その確実性と矛盾しない新しい形而上学の可能性をさぐることであった。

カントによれば、人間はもともと形而上的なものへの関心をすて去ることができないのである。それまでの独断的形而上学が否定されなければならないのも、形而上的なものへの関心が誤っていたからではなく、形而上学の方法に問題があったのではないか。カントはこのように反省するのである。そこでカントは、人間にそなわった自明の認識能力としてそれまでなんの疑いもなく使われてきた理性そのものを、改めて検討し直す必要にせまられた。「理性は何をどの程度まで認識することが可能か」を審判するための法廷が、「純粋理性批判」であるとカントはいう。理性という能力の批判は新しい形而上学の可能性をさぐるために避けて通ることのできない関門である。

カントの哲学を「批判哲学」とよぶのは、ここから来ているのであるが、「批判」の意味にちょっと触れておきたい。それは単に書物などの「批評」という日常的な意味ではなく、事柄をまず分析し、その分析された各要素に、それぞれの存在根拠を明らかにするという意味である。だから「理性批判」とは理性そのものを謙虚に反省し、これをその要素に分析して、それぞれの能力を吟味し検討することである。

またカント哲学において、「純粋」とか「先天的」とか「アープリオリ」とかいう言葉は「経験がまじっていない」、つまり「経験以前の―先験的」という意味である。それは経験を越えて人間が誰でも共通なものとして生得的にそなえている性質のことである。このような性質のみがカントにあっては「普遍性」と「必然性」とをもつとみなされる。だから「純粋理性」というのは、経験がまじっていない理性のことで、それが認識に関わる場合は「理論理性」、道徳に関わる場合は「実践理性」とよばれる。

人間の認識能力の限界

それではカントは理性の批判を通して何を明らかにしたのであろうか。一口でいえば次のようなことになるであろう。われわれの認識が現象界（経験の世界）を超え出ることはできないことを明らかにした、つまり人間の認識能力の限界をはっきりと示したということである。

われわれの理論理性は単に現象界を認識することができるだけで、現象界を超えたもの、すなわち超感性界または物自体の世界を認識することはできない。カントは、このことを『純粋理性批判』において確認した。

有名な思考法のコペルニクス的転回もその過程で生まれた。それまで認識はすべて対象に準拠しなければならないと考えられてきた。だがこのような思考法のもとでは、対象を認識するのに当然経験に頼らなければならない。ところが経験は普遍性と必然性をもつことができない。だから経験に頼った認識は真の科学的知識とは言えない。そこでカントは、今までとは逆に、対象がわれわれの認識に準拠しなければならないと考えてみた。コペルニクスが天動説を退け、地動説を主張したときにとった発想の転換と同じである。すると認識論の上でも、すべてはうまく説明のつくことがわかった。その結果われわれの対象認識は主観の先天的な認識形式によって、秩序づけられ構成されることになった。自然の対象はわれわれの主観から独立に存在するのではなく、われわれが認識としてそういう対象をつくりあげていくのである。

要するにカントのコペルニクス的転回とは、それまで一般に考えられていた経験論的思考のように対象が主観を規定すると考えるのではなく、主観が対象を規定するという面の重要性を強調した考え方のことである。ショーペンハウアーにとって、この点が非常に大切であった。彼は、このカントの主観強調の立場を自分の哲学にとりいれ、さらにそれを先鋭化したといえよう。ショーペンハウアーが「世界は私の表象である」と主張するとき、そこにはすでにカントを離れ、いわゆる実質的観念論への移行が見られるのである。ショーペンハウアーが仏教に近づいたのも、このことと無関係ではなかろう。

仏教の哲学は唯識論で、唯識論とは西欧哲学の用語でいえば、実質的観念論のことである。実質的観念論によれば、外界の対象は実際には存在せず、すべては単にわれわれの主観的形式の構成した観念にすぎないということになる。

ショーペンハウアーが、カントの物自体を、なんら躊躇《ちゅうちょ》することなく意志と規定したのもこの実質的観念論の影響といえよう。カントはたしかに現象と物自体とを区別したが、物自体がどのような内容であるかについては一言も触れていない。むしろ現象の背後にひそむ捉えどころのない、しかし本質的なものを物自体と名づけたといった方が適当であろう。カントの物自体は、われわれが知ることができないという、いわゆる不可知論的要素を秘めているのである。

「信仰に場所をあける」

ショーペンハウアーの哲学を正しく理解するために、さらにカントとの比較を続けてみよう。ショーペンハウアーがカントの正統な後継者を自認していることは前に触れた。だが、かれの哲学は基本的な点で、カントの立場と大きく違うのである。ことにカントにあっては重要な道徳哲学への移行の過程というものが、ショーペンハウアーでは省略されてしまう。

カントの思想は人間に対して、現象として現れる世界は認識できるが、現象として現れない物自体は知ることができないという面をもっている。では、物自体は積極的にその存在を主張することができないのだろうか。それができるのである。ただし、その場合には知るという立場を離れなければならない。

「私は信仰に場所をあけるために、知識を放棄しなければならなかった。」カントのこの有名な言葉がそれを語っている。カントより前の伝統的形而上学は、理性の能力の限界をわきまえないで、知るという立場に固執したために、物自体の世界にある超経験的な対象をも認識することができると考えてしまった。その結果、考えることが同時に存在するかのごとく、形而上的なもの（たとえば自由、霊魂の不死、神など）についての思弁が行われ、独断的な夢想が横行したのである。カントは霊魂、神などの無制約者（何ものにも制限をうけない存在者）を理論的科学的に捉えようとする伝統的形而上学の方法を批判し、そのような形而上学を否定しさった。何ものにも制約されない無制約者が、理論的に是認されないとすれば、何か別の方法で是認されることはできないであろうか。そこでカントは理論的に許されないなら、実践的にどうであろうかと考える。すなわちここに新しい形而上学への道が開け、道徳の世界にその可能性が生じるのである。

われわれは、神や自由などの無制約者を数学や自然科学の知識によってではなく、道徳あるいは信仰の問題として扱わなければならない。これが、先の「信仰に場所をあける」ということの意味である。この観点に立って、カントは第二の主著『実践理性批判』の中で、それまでの形而上学とは異質の実践的形而上学をめざしたのである。

道徳法則の存在

カントはこの企てを、われわれが自分自身の中に道徳法則の存在という意識をもっているという前提から始める。道徳法則が存在するということは、カントによれば、絶対に否定することのできない「理性の事実」なのである。

道徳法則とは、われわれが行為をするさいの意志を規定する法則のことである。それはいつどこでも誰にでもあてはまる法則である。意志を規定する根拠として働くのは理性であるが、この理性は純粋でなければならない。経験がまじっていれば普遍妥当性がなくなるからである。このことは意志が自由であることを意味する。もしも意志が、現象界の経験的事物のように、自然の因果性によって規定されるものであるならば、道徳法則に従って行為すべきであるというような意識は、意志の中に生じてこないであろう。だからそのような意識は、自然の因果性によるのではなく、まったくの純粋自発性によって意志のうちに生じるのでなければならない。こうして理性の事実としての道徳法則を媒介にして自由の存在が確証される。つまり自由は理論的に認識することはできないけれども、実践的には確認することができるのである。

哲学用語には、日常使われている意味合いと違うものが少なくないが、カントの用語「実践的」もその一つである。それは人間が行動によって実行するという意味だけではなく、「自由によって可能であるところのすべてのもの」をさす言葉である。自由にアクセントのある点に注目してほしい。

自然の因果法則の支配する現象界には、自由は存在しないから、自由の存在する世界とは現象界を超えて、それと対立する世界つまり物自体（叡智界）の世界ということになる。ここに知識に拒否された物自体の世界を、自由に基づく道徳的世界として示す展望が開かれる。われわれは意志の自由をもつ限り、行為の主体として物自体の世界に属する。

言いかえれば、意志の自由が物自体の存在を確実にする。だから実践的道徳的世界において、自由と道徳法則は切っても切り離せない関係にあるといえよう。カント倫理学が自由の倫理学ともいわれる理由はここにある。

意志の自由は、このようにカントにとっては、自明の事柄であるが、ショーペンハウアーの場合には、なるほど原意志の自由は自明であるが、すでに発現した意志には自由を認めていない。この点については、のちほど触れることにして、もう少しカントを見てみよう。

カントの定言的命法

カントによれば、道徳法則は形式の上からのみ意志の規定根拠を含むアープリオリな法則である。だから道徳法則は具体的な（質料的な）経験による意志の規定を排除する。というのは経験的な実質の面からの意志規定は、経験的なものが必然性をもちえない以上、すべての人に普遍的には妥当しないからである。質料的な意志規定を認めれば、道徳法則の存在理由が失われてしまう。したがって道徳法則はその性質上幸福をめざすものではない。何がわれわれを幸福にするかは、経験だけが知るところだからである。

この点でカントの道徳哲学は、それまで広く行われてきた「オイデモニスムス」（幸福を倫理学の中心に捉える考え方、いわゆる幸福説）の誤りを、根本的に自覚させようとするものであった。カント以後なぜ道徳論が重要性をおびるようになったか、その理由はここにある。つまり経験に頼らずに、いついかなる時でも成立する普遍的、科学的な道徳哲学の樹立がもとめられるようになったためである。

カントはある行為が道徳的であるかどうかは、行為そのものが「善なる意志」に基づいているかどうかによって決まるとした。彼は『道徳形而上学の基礎づけ』の中で「この世界において、それどころかこの世界以外においても、無制限に善とみなされうるものは、善なる意志よりほかにはまったく考えられない」といっている。善なる意志はそれがなしとげる成果によって善なのではなく、またそれが何かある目的を達成するのに役立つということによって善なのでもない。善なる意志は、ただ善を意志するということによってのみ、すなわちそれ自身において善なのである。善なる意志の性質は純粋であり、アープリオリである。だから善なる意志は道徳法則の推進力となりうるのである。

したがってカントにとっては「何を意志するか」が問題ではなく、「いかに意志するか」が重要である。道徳法則は、だから幸福（自愛の原理）や快不快の感情などをまったく顧みることなく、ただわれわれに「……すべし」と命じる。道徳法則が直接に意志を規定するこの型式が、有名な「定言的命法」である。「仮言的命法」が、「もしもある目的を欲するならば、……しなさい」という条件つきの命令であるのに対して、「定言的命法」は無条件にアープリオリに要求する命令である。

「君の意志の格率が、つねに同時に普遍的立法の原理として妥当しうるように行為せよ」という定言的命法は、行為の内容にではなく、形式に関するものである。つまりカントによれば、定言的命法は内容的に定まっていないものである。

ショーペンハウアーは、定言的命法に基づくカントの道徳説を概念であり幻想であるとして退けた。それはカントにとって自明であった理性的存在としての人間の自由が、ショーペンハウアーにとっては必ずしも自明なことではなかったからである。

カントの自由　ショーペンハウアーにとっては人間は理性的存在であるより前に感性的存在であった。現実に生きている人間は、聖者でもない限り、感性的衝動から自由ではありえない。ショーペンハウアーは「物自体」を「生きようとする意志」(=原意志)と規定したため、自由が意志全体を覆う関係(論理学でいうところの周延関係)になり、自由の出る舞台がなくなってしまった。

たしかに原意志の段階での意志は自由であるが、客体化した意志には、カントのいう意味での自由は認められない。もっとも意志の否定の際には自由が必要とされるのであるが。

カントの自由とは意志の自律のことである。それは意志が感性的衝動から独立に普遍的な道徳法則に従うときに可能となる。だから道徳法則が表現するのは、純粋実践理性の自律にほかならない。

カント

自由なる意志は、なすべきことを純粋に自発的に自覚するがゆえに、「なすべきがゆえになし能《あた》う」という思想に連なるのである。意志の自律は、自由なる意志が道徳法則に対する尊敬から、自動的に法則に従うことによって機能する。だからすべての人間は、意志の自律を通して、理性的存在者への道を歩むのである。

カントはこのように道徳法則を介して自由の存在を確認した。人間は感性的存在として感性界（現象の世界）に属する限り、自然の必然的な因果法則に支配されるが、実践的要請に従う理性的存在としては自由に基づく悟性界（物自体の世界）に属する。物自体の世界は、叡智界という言い方のほかに、悟性界ともいう。

そして道徳の中に人間の本質を見たカントは、道徳性の帰結として神の存在を要請した。道徳の世界の「最高善」を可能にするためには、どうしても「自然から区別された全自然の原因であって、幸福と道徳との完全な一致の根拠を含むところの原因の存在」を要請する必要があったのである。それは、ひとが道徳的に行為する限り、神が存在することを望んでもよいというものである。このように、「神の存在」は理論的には認識されないが、道徳的実践的立場に立つ限り、必然的に要請され、信じられねばならないのである。こうして実践理性は、理論理性の知識のおよびえなかった物自体の世界を構成し成立させる。

カントはこれを「実践理性の優位」が示されたものであるとし、道徳の立場において可能となったこの新しい形而上学を、実践形而上学、または知の否定の上に成り立つ信仰とよんだ。

ショーペンハウアーの独創性　ショーペンハウアーの形而上学は、意志形而上学とよばれることからもわかるように、もっぱら意志を中心におくものであるから、カントのように理性の重視は見られない。だからショーペンハウアーは理性を、認識を対象とする理論理性と行動を対象とする実践理性に分けることもしない。

ショーペンハウアーの頭の中では理性は自然に意志の中にとけこんでしまっているのである。つまり「私の全哲学は一言で表現すれば、世界は意志の自己認識である」という視点である。あくまで意志を中心にした考え方である。カントの場合も、「善なる意志」が道徳法則の推進力とされているのであるから、その倫理学において意志が重要な役割を果たしていることは言うまでもない。ただカントの意志は主として実践理性との結びつきにおいて働くのである。ショーペンハウアーの意志は「生きようとする意志」であって、直接に理性と結びついて働くわけではないが、カントの言う実践理性にあたるものとして、「同情」「共苦」「愛」「正義」などが考えられている。

このうち共苦は、これらすべての徳の源泉であり、あらゆる道徳の基礎をなすという点でカント倫理学における純粋実践理性の位置を占めるといえよう。

カント学徒を自認したショーペンハウアーの哲学には、たしかにカントの「現象界」と「物自体」の区別の影響は色濃くみられる。だが倫理学に関しては、両者とも倫理学を哲学の最も重要な分野とする点では一致するものの、その方法論は大いに異なるのである。

カントがめざしたのは、純粋な合理的な倫理学の樹立であり、それは定言的命法によって体現される。一方ショーペンハウアーの倫理学は、道徳の成立根拠を原意志に求めたうえで、現実に存在している意志の葛藤《かっとう》を鎮静化することを目的としたものである。だからどうしても具体的にならざるをえない。この点、共苦との関連において、ショーペンハウアーは次のように語っている。

「カントはすべての真正な善とすべての徳を、それらが抽象的な反省から、しかも義務や定言的命法の概念から生じた場合に限って承認しようとし、弱者に対して共苦（同情）を感じることが徳であるとは決して言わない。だがわれわれはカントとは反対に、こう言いたい。単なる概念というものは、真正の芸術にとって不毛であると同様に、真正の徳にとっても不毛であると。あらゆる真の、純粋な愛は共苦である。これは確実な命題である。共苦でないような愛はすべて我欲である。我欲はエロスであり、共苦はアガペーである。現実には、しばしば双方のいりまじったものが生じるのであるが。」

ショーペンハウアーがカントの定言的命法を排撃したのは、それが彼には形式にのみこだわっているように思えたからであった。

カントの合理的倫理学は、いつ、いかなる所でも成り立つ道徳の確立をめざしたものであり、それはまさに科学の普遍的法則に通じるものであった。カントの倫理学の背景には近代科学が控えているのである。たしかに近代の科学的理性は、事物の関係を詳しく規定はしたが、それによって存在の確実性をもたらしたわけではない。科学の進歩とともにもろもろの手段は増大したが、それによって目的が向上せしめられたわけではない。

ショーペンハウアーの倫理学は言ってみれば、理性の象徴であった近代科学と近代哲学の根幹に向けられた批判である。だからショーペンハウアーは合理的世界観に対して意志的世界観を打ち立てたのである。それは彼が若かったときに、ヴィーラントとの対話で表明した希望の実現でもあった。「人生は理論ではない。」これが彼の洞察であった。ショーペンハウアーにとって、人生や世界は知性で解明できるような理論ではなかった。そこで彼は、世界と人間とを、理性を通じて観る立場（「見られる世界」と「見るもの」）ではなく、意志を通じて関わる立場（「生きられる世界」と「生きるもの」）に立ったのである。しかもそれが意識的に行われたのではなく、自然に直観的に行われたところにショーペンハウアーの独創性があるといっていい。

ニーチェへの影響と仏教の視点

ショーペンハウアーの独特な影響　ところでショーペンハウアーのペシミズム（最悪観）は、彼の体質もさることながら、近代科学の思いあがった妄想性と楽天性に対する批判を通して、とぎすまされていった。彼は近代合理主義の進歩の思想に、ただ批判の言葉を投げかけるだけの消極的な態度にとどまらず、実に積極的に、世界の真実と人間の真実についての究明を行ったのである。

たしかにショーペンハウアーの思想ほど歴史と進歩に否定的、あるいは無関心なものも稀《まれ》である。だが、それは歴史主義と進歩の思想が、科学的理性の帰結であることを考えればむしろ当然の成り行きである。

この世が災いの世界であるという把握の仕方も、世界の真実についての究明の過程で生まれでたものであり、ショーペンハウアーの苦悩も、人間や現実世界の真実についての告知とみなすことができる。仏教の出発点も「苦」であるから、ショーペンハウアーが仏教に親近感をもち、仏教に傾倒していったのも、自然の成り行きといえよう。

思えばショーペンハウアーは、今日の世界の、ことに先進諸国の人々が自然環境の破壊という問題に遭遇して、初めて感じ始めてきた不調和の問題（苦の一形態）をすでに一三〇年以上も前にその根本のところでしっかりと捉えていたのである。つまりショーペンハウアーは、近世という時代を形成してきた合理主義の枠組みそのものに対し、その底をつらぬいて問いを発し、世界の調和という理想に向けて解答を求め続けたといっていい。これがその後のマルクス主義や科学主義などの有力な諸思想の流行にもかかわらず、かたやニーチェから他方はヴィットゲンシュタインにいたるまで、彼の思想が独特の影響を与え続けた理由である。

ことにニーチェがショーペンハウアーから受けた影響の大きさは、思想史の上でも特筆に値する。この二人はもともとフィロローゲ（言語学者、文献学者）で、純粋哲学というより文芸思想の面で共通のものをもっていたのであるが、現在ではニーチェの方だけが、アカデミーの講壇の哲学に、「哲学者」としてその名を連ねている。

日本でも、ニーチェの評価は最初、高山樗牛《ちょぎゅう》などの文学者の中から出たのであった。森鷗外もショーペンハウアーと関連づけながら、ニーチェに触れて、次のように書いている。

「形而上学と云う、和蘭《オランダ》寺院楽の諸律のような組み立てに倦《う》んだ自分の耳に、或時ちぎれちぎれのAphorismen《アフォリスメン》の旋律が聞こえてきた。

生の意志を挫《くじ》いて無に入らせようとする、ショーペンハウアーのQuietive《クイエチフ》に服従しかねていた自分の意識は、或時惰眠《だみん》の中から鞭《むち》うち起こされた。
それはNietzsche《ニーチェ》の超人哲学であった。
併《しか》しこれも自分を養ってくれる食餌ではなくて、自分を酔わせる酒であった。」

ニーチェ

昭和の初め頃まで、ニーチェをやるなら、独文か美学に行けというのが一般だったようである。それが今日ではどうであろうか。哲学科のある大学なら、ほとんどどの大学でもニーチェが取り上げられている盛況である。哲学の講壇で、それだけニーチェが高く評価されるようになった証拠である。

ショーペンハウアーとニーチェ

では、ショーペンハウアーは哲学者としてニーチェに比べてそれほど劣っているのであろうか。私はそうは思わない。この点で私は生の哲学者ジンメルと同意見である。

ジンメルは名著『ショーペンハウアーとニーチェ』の中で次のように語っている。「もしショーペンハウアーをニーチェと比較するならば、疑いもなく彼の方がより偉大な哲学者である。ショーペンハウアーは万有の奥なる絶対者と秘密にみちた関係を保っているから。こういう関係を保ちうるのは、偉大な哲学者の他には、ただ偉大な芸術家がありうるだけであろう。」また文芸史家のブルクハルトもショーペンハウアーを「真の哲学者」とよんで崇めていた。

ところで驚くべきことであるが、今日にいたるまで日本の学界において、本格的なショーペンハウアー研究というものは、いまだかつて一度も行われたことがないのである。その意味でも、私はショーペンハウアーをこれからの哲学者、未来の哲学者とよびたい。「すべてのわざに時がある」と言われるが、ショーペンハウアー研究の機も、今や熟したといってよい。

われわれは先にショーペンハウアーの思想に影響を与えたということで、カント哲学の主要な骨格をなぞってみた。そこで今度はショーペンハウアーが与えた影響にも目を向けてみたい。ショーペンハウアー自身知ることのできなかった、いわゆる彼の思想の系譜である。ニーチェ、トルストイ、アンドレ゠ジイド、トーマス゠マンなどの中から、ここではニーチェを代表させてとりあげることにしよう。やはりニーチェ、という感じであるが、それは両者の結びつきが最も緊密だからである。ショーペンハウアー哲学の延長線上に、ニーチェの哲学は現れでたのであり、ショーペンハウアーの存在なしには、彼の哲学の誕生はありえなかったのではなかろうか。だからショーペンハウアーの哲学をより深く理解するには、逆説的ながら、ニーチェを知る必要がある。勿論ここではニーチェ哲学の解説をするのが目的ではないから、ただ彼の思想の主要な論点に言及するにとどめたい。

ニーチェの思想的発展

ニーチェがショーペンハウアーの主著『意志と表象としての世界』に出会ったのは、ライプツィヒ大学の学生になった一八六五年のことであった。ショーペンハウアーがこの世を去ってすでに五年がすぎていた。この運命的な出会いは、ニーチェ自身がくり返し叙述しているのでよく知られている。古本屋の店先で分厚い本を目にして、「どんな本なのかまったく知らないなあ、と思いながら、パラパラめくってみた」というのである。「いかなるデーセンが私の耳もとにささやきかけたのかわからない、とにかく〈この本をもって帰れ〉と言ったのだ」とあたかも神託に触れたかのような書き方をしている。

その後、ニーチェは寝るまも惜しんで、この本に没頭し、ショーペンハウアーの「意志と表象としての世界」という哲学体系から強烈な衝撃を受けたのであった。ショーペンハウアーは、青年期のニーチェに、彼自身が「あたかも私のために書いてくれたのではないか」と感じさせたほどに決定的な影響を与えた。

ふつうニーチェの思想的発展は、三段階に分けて考えられる。最初の段階は、古代ギリシアの悲劇や哲学研究の中で、ショーペンハウアーとヴァーグナーに深く影響された時期である。ニーチェはショーペンハウアーの哲学に導かれながら、その処女作『悲劇の誕生』を生みだした。たとえばショーペンハウアーの「意志と表象」は、ここでは「ディオニュソス的とアポロ的」に置きかえられている。

いずれにせよ『悲劇の誕生』はショーペンハウアーとの出会いなしには考えることはできない。ニーチェはショーペンハウアーのペシミズムの底に流れているものが、古代ギリシアのいわゆる「ディオニュソスの智恵」にほかならないことを洞察したのであった。ニーチェもまたギリシア語に精通した優れたフィロローゲであった。ショーペンハウアー哲学の根源的把握のためには、ギリシア悲劇を理解することも大切である。この時期には『反時代的考察』も刊行された。

第二の段階は、ヴァーグナーと別れ、ショーペンハウアーをも乗り超えて、懐疑とニヒリズムの中へ突き進み、批判と破壊の試みを行った時期で、これまで尊敬していたものを批判し、反対の評価を試みる自由な精神の段階である。この時期には『人間的あまりに人間的』『曙光』『悦ばしい知識』が公刊された。

第三の段階は、ニヒリズムとの対決を通して、彼本来の哲学が示される一方、狂気の中へ落ち込んでいく時期である。主要著作『ツァラトゥストラはこう語った』、『善悪の彼岸』、『道徳の系譜』、『偶像のたそがれ』、『反キリスト者』、『この人を見よ』などが生まれた。『力への意志』は、この時期に属する遺稿である。

ニヒリズムと永遠回帰

ショーペンハウアーにおけるペシミズムは、ニーチェにおいてはニヒリズムとなる。「神は死んだ」というニーチェの言葉は、あまりにも有名である。これはキリスト教的な神の存在に対する信仰の喪失の表明といえよう。と同時に神の死は、神への信仰の上に築かれてきた最高の諸価値の崩壊を意味し、ニヒリズムの到来を告げるのである。ニーチェは彼の生涯を通して、根本においてこのニヒリズムの超克《ちょうこく》に取り組んだと言っていい。

ニヒリズムは、一般に人間の生存の無意味さ、むなしさを主張するため虚無主義とも訳される。ニーチェ自身の定義によれば、ニヒリズムとは、「最高の諸価値が価値を失うということ。そこには目標が欠けている。何のためにという問いへの答えが欠けている」ということになる。

最高の諸価値の託された神はとうの昔に死んでしまっており、人々がよりどころとした価値の根拠は、すべて虚妄でしかないとニーチェはいう。そして神の死とともに超人の出番がめぐってくる。「神は死んだ。今やわれわれは超人が生きることを欲する」とツァラトゥストラは語る。人間は今では無の中に投げだされており、この無をみたしに来てくれるものは何ひとつない。このニヒリズムの徹底が、思想形式として「永遠回帰」へと定着していった。

永遠回帰とはあらゆることが、同一の姿で、そのままの順序で永遠にくり返し現れるということである。そこには何ひとつ新しいものはない。「あるがままの生存は、意味も目標もなく、しかもそれでいて不可避的に回帰しながら、無に終わることもない。すなわち『永遠回帰』。これがニヒリズムの極限形式である。無（無意味なもの）が、永遠に！」

このような永遠回帰の思想は、存在の虚無性を表現する一形式である。ひとは孤独を自覚することによって、その克服を企てる。だが、果たしてひとは、あらゆる瞬間が永遠にくり返されることに耐えられるであろうか。この困難さゆえに、力への意志を根本の動力とする生という思想がニーチェに生まれたのである。ショーペンハウアーの場合は、意志は「生への盲目意志」、つまり生きようとする衝動だけをもち、ほかには特別の目的をもたない意志であった。

ニーチェ哲学の核心

ニーチェはショーペンハウアーの意志形而上学に触発されて、盲目意志とは別の、より具体的な「力への意志」というものを提示した。

「力への意志」は、「私はつねに自分で自己を超克しなくてはならないものである」とも表現される。生においては自己はつねに高揚をめざしており、小さな自己を支配し克服しながらさらに大きな自己へと達することを欲する。弱い自己、小さな自己を乗り超え自己から自己へと超えていく自己超克の意志こそ、力への意志にほかならない。それはまさに生の本質を示す主体的立場であり、生の肯定である。

自己超克は、また実存的な自己創造としても考えられた。人間を神が死んだのちのニヒリズムの底から創造者としてよみがえらせること、これがニーチェの意図するところであった。それは、あらゆる価値を新たに設定する立法的存在者の役目を人間に与えることを意味した。つまりそれまでの「あらゆる価値の転換」である。

「超人」という理念も、創造力の背景である自己超克性の具象化の試みといえよう。超人とは現実から逃げないで、破壊と創造の自己超克をすることのできる者のことである。永遠回帰は意味なきものの永遠なるくり返しであった。それを避けられない運命として、すすんで肯定する。これがニーチェのいうディオニュソス的な肯定である。

このような積極的態度こそ、「運命愛」の名に値するものであった。ニーチェは言う。「肯定にいたる私の新しい道。あるがままの世界に対し、差し引いたり除外したり選択したりせずにディオニュソス的な肯定をいうところまで突き進むのである。この哲学は永遠の円環運動を欲するのである。一人の哲学者が到達しうる最高の状態、それはすなわちディオニュソス的に生存に対して立つということであるが、そのことを言い表す私の定式が、運命愛なのである。」

ディオニュソス的とは、表面的、アポロ的に対する概念である。それは、先にも見たようにショーペンハウアーの表象に対する意志といってもよかろう。

ニーチェはギリシア的本能を理解しようとして、明快でギリシア的晴朗さを表すアポロに対してディオニュソスをとりあげた。あらゆる生成、成長、激情、苦悩を含む現象を追究していく過程で、ディオニュソスの存在にぶつかったのである。「知られざる神」ディオニュソスである。それはアポロ的ギリシア精神のほかの軸をなすものであり、ニーチェはこれを独自の哲学概念にしたて、みがきあげた。

ディオニュソスは永遠に自己自身を創造し、永遠に自己自身を破壊する二重の欲情をもっている。ディオニュソス的な力への意志が、この二重性をそなえて世界の根底に横たわっている――これがニーチェの哲学の核心である。

この視点からすれば、「超人」、「永遠回帰」、「運命愛」、「ディオニュソス」などはお互いに内面でつながっているのである。

感動的な頌詞

ニーチェはこれらの概念をたずさえて、生の肯定へと突き進んだ。生命は永遠に再生し、破壊からたちかえってくる。だから現在の自己の生と行為が、永遠に回帰することを喜びむかえることができるように、生きてかつ行為しなければならない。これが永遠回帰の倫理的側面である。そして現在の生き方の中に永遠を味わうことのできた者は、永遠の生を無限にくり返し体現したいと願うであろう。

ツァラトゥストラは、「これが人生だったのか。よしそれならもう一度」と大声で叫ぶ。そこにあるのは永遠への願いであり、永遠回帰を肯定する勇気である。

ある人間が、永遠回帰のうちに自己の無限性を見出し、神の死を経験してそれに耐えぬき、その上で力への意志を生の本質として捉え、力いっぱい生きるとする。そのときこの人間は、ニーチェの根本思想の統一的体現者となり、彼はディオニュソス的人間とよばれるのである。

ニーチェの哲学も、ショーペンハウアー哲学と同じように、人間を理性的存在としてのみ捉えてきた啓蒙的合理主義の弊を、打ち破るものであった。この点では両者とも一致していた。だが方法論の上ではまったく異なる。ニーチェの場合には、それはヨーロッパのニヒリズムを自覚し、生を肯定することによって、その克服を企てるという形で行われた。ショーペンハウアーの理想は生への意志の否定による解脱であるから、まさに対照的である。ショーペンハウアーがカントから出発して、まったくジャンルの違う人生観的考察に行き着いたように、ニーチェもまたショーペンハウアーを起点として、最終的には一八〇度の転換を試み、彼独自の見解にたどりついたということである。

だがニーチェがショーペンハウアーの弟子であることはまぎれもない事実である。ニーチェが『反時代的考察』の中に収めた「教育者としてのショーペンハウアー」ほど感動的な教育者へのオマージュ（頌詞《しょうし》）は、哲学史上ほとんどその例をみない。このことが、ニーチェはショーペンハウアーの哲学の理論にではなく、理論の奥にあり、それを支えている人間性にうたれたのだと言われるもとになっている。ニーチェはその全生涯にわたって、ショーペンハウアーとの関係を省察し続け、それを自らの運命にまで内面化したのであった。

永遠回帰の思想家ニーチェも、また仏教に少なからぬ関心をもっている。永遠回帰と仏教の輪廻《りんね》思想に関連を見出そうとする学者もいる。たしかに似ているところがないでもない。

ニーチェと仏教

ニーチェがその青年時代に、圧倒的な影響を受けたショーペンハウアーを通じて、インドの哲学や、とりわけ仏陀の教えに親しんだことは十分に予想される。またインド学者ドイセンが、ギムナジウム時代からの親友であったことも、ニーチェの仏教への関わりを深くすることに手を貸したことであろう。このドイセンという人は、のちにショーペンハウアー協会を設立し、初代会長をつとめた人である。もともとアルトフィロローゲ（古典言語学者）で、一九世紀のヨーロッパーインド学に多大な業績を残した。

仏教がニーチェの思惟のうちに徐々に重大な位置を占めはじめたことは『悦ばしき知識』以後の彼の思想のいわゆる第三段階にいたってひんぱんに言及されていることからも想像できる。ただニーチェの場合、仏教の苦に対する考え方がショーペンハウアーほど深められていない。仏教の苦は、生老病死の四苦を含めて八苦あって、四苦八苦であるが、この苦というものは、自己矛盾を表現したものといっていいだろう。

人間は最後のところに必ず死がある。生まれてきて死ぬというのは、明らかに自己矛盾である。なぜなら死ぬために生まれてくるようなものだからである。だから死というのは、生から見ると最大の自己矛盾といえよう。生まれたものがどうして死ななければならないのか。それは生の中に死があるとしか説明の仕様がない。だが生をいくら見ていっても、生の中に死はないのである。こうして仏教では、死を宿した生とでもいえる人生観が生まれた。

仏教はキリスト教などと違って、創造を含む、いわゆる絶対者のようなものはたてない。逆に仏教において根本になるのは「とらわれない」ということである。

仏教は、悟って、解脱して、涅槃《ねはん》に入ることを最終的な目標としている。つまり悟りのいちばんの究極が涅槃であるが、日常生活においてはこれが死後の世界と混同されることが多い。だが、涅槃はあの世のことではなく、もはや何ものにもとらわれることのない状態のことである。生を滅し終わり、滅を滅し終わった世界、それが涅槃である。ショーペンハウアーの理想とする寂静《じゃくじょう》涅槃は、この仏教の涅槃に通じるものである。しかしショーペンハウアーの意志の否定、意志の滅却は、果たして悟りと同じであろうか。

意志の否定と諦念

主著『意志と表象としての世界』第四巻の最後の部分で、ショーペンハウアーは「無」の問題を取り扱っている。それは彼の哲学の頂点をなす「意志の否定」後の状態の論述である。

意志の否定と自殺

では生への盲目意志なるものが、どのようにして自己を否定しうるのであろうか。われわれが、いちばん知りたい肝心な点については、ここでもまた知らされない。ただ生への意志の否定は「現象の中に出現するただひとつの意志の自由な行為であり、超越的な変化である」との規定はある。この場合の自由とはカントのいう意味での自由である。なんでもきままになすという意味の自由ではない。だから意志の個別的な現象を自分のほしいままに廃棄する自殺ほど意志の否定とへだたっているものはない。

ショーペンハウアーは、ここでもう一度自殺は愚かな行為であることを指摘する。

「自殺は意志の否定であるどころか、意志の強い肯定の現象である。なぜなら、否定の本質は苦しみを嫌悪する点にあるのではなく、生のもろもろの享楽《きょうらく》を嫌悪する点にあるからである。自殺者は生を意欲しているのであり、ただ生がおのれのものとなっている境遇に不満をいだいているだけである。それゆえ彼は決して生への意志は見すてないのであり、個別的な現象を破壊することによって、生を見すてるだけのことである。自殺者は意欲することをやめることができないからこそ、生きることをやめるのである。自殺者はただ個体を否定するだけであり、種を否定するものではない。すでに見たように、生への意志にとって生はつねに確実であり、生にとって苦しみは本質的であるから、自殺、すなわち個別的な現象の任意な破壊は、ちょうど虹が、それを瞬間的にささえている水滴がいくら変化しても動かないのと同じように、それによっても物自体は微動だにしない。だからこの破壊はまったく無益で愚かな行為ということになる。」

意欲の現象と非意欲の現象　ところで意志の否定であるが、世界の成立根拠である意志を意志自らが否定することは、論理的には不可能であるから、われわれは、これを倫理的次元で考える必要がある。

「自己認識に達した場合の生への意志の否定」と、ショーペンハウアー自身も言っているように、意志自らを廃棄するのは認識（理性）のほかにはないようである。だが盲目意志の優位を認め、すべてのものはこの支配下にあるとする彼の思想からすれば、これは明らかに自家撞着《どうちゃく》である。でなければショーペンハウアーはここにいたって知性に優位を認めたのであろうか。いや、そうではない。

知性はただ手を貸すだけである。

この点彼によれば、現在、世界の現象を生じさせているところの意志は、また何事もしないで静止していることも可能という。前者が意欲の現象であるとすれば、後者は非意欲（意欲しないこと）の現象である。すると意志の否定は、一実体の否定ではなくて単なる非意欲の作用ということになり、これまであるものを欲していた主体がもはや欲しなくなるということである。そして非意欲の状態は、われわれが自己の本質を認識したときにはじめてたち現れてくる。ショーペンハウアーはそれを次のようにまとめている。

「意志そのものは認識による以外には、何ものによっても廃棄されえない。だから救いの道はただひとつ、意志が妨げられることなく現象し、この現象においておのれ自身の本質を認識できるようになることである。この認識の結果においてのみ意志はおのれ自身を廃棄することができ、それと同時に意志の現象と不可分の関係にあった苦しみをも終えることができるのである。しかしこれは自殺したりするような物理的な力によっては不可能である。」

意志を自発的に否定し、見すてるとともに、あらゆる現象も廃棄される。われわれは、この意志をただその作用においてのみ、知っているだけであるから、意志がその作用をすてた後には果たして何であり何をなすかを知ることができない。

無への移行

意志の現象であるわれわれにとっては、だから意志の否定は無への移行を意味する。

ショーペンハウアーはいう。「無という概念は本質的に相対的であって、いつもある特定のものにのみ関係するのであり、そのあるものをこの概念が否定するのである。無というものはすべて他のあるものとの関係においてのみ考えられるのであり、無はこの関係を、それゆえにまたこの他者を前提としている。」

ここでわれわれは無が相対的であるという点に注目する必要がある。ショーペンハウアーが幸福を定義して、幸福とは苦痛がだんだんと減っていく状態、あるいは欠如しているものがうまっていく状態であるとしたのは、このことと関係がある。

主著『意志と表象としての世界』の最後に位置する言葉は、「無」(Nichts)である。「意志の全面的な廃棄のあとに残るものは、まだ意志に満たされているすべての人々にとっては、たしかに無である。しかし逆にまた、意志がおのれの向きを転換し、おのれを否定した人々にとっては、これほどにも現実的に見えるこのわれわれの世界こそ、その太陽と銀河のすべてを含めて――無(なのである)。」

この最後の『無』にショーペンハウアーは次のような脚注をつけている。「これこそまさに仏教徒たちのいうところの般若波羅蜜多《はんにゃはらみた》、つまり〈あらゆる認識の彼岸〉である。すなわち主観と客観とがもはや存在しない点である。」

彼が理想としたところの無は、結果的には仏教の解脱によるニルヴァーナ(涅槃)に非常に近い。

ショーペンハウアー自身、それが聖者たちの世界であることを認めている。生への意志を否定した人の状態はゆるぎのない平和であり、深い静けさであり、内面の晴朗さである。生への意志の否定は全面的な諦念とか聖なるものとよばれ、それはつねに意志の鎮静剤から出てくる。意志が激しければ激しいだけ意志の抗争である現象もますますきわだつ。それゆえ苦しみはますます大きくなる。意志の鎮静剤とは、生きとし生けるものの苦しみのうちに表明されているこの意志の内的な抗争と意志の本質的な空虚さを認識することであるという。

意志の否定によって、あらゆる現象も消失する。意志がないなら、表象もなく、世界もない。するとわれわれの前に残るのは無だけである。ところがわれわれは無をきらう。この無に帰してしまうことに逆らうものこそ、まさしくわれわれの本性である生への意志にほかならない。この意志こそわれわれ自身であり、またわれわれの世界である。われわれがこのようにはなはだしく無をきらうということは、われわれが非常に生を意欲していることの裏返しである。では無と死の関係はどうであろうか。

死の問題と諦念

ここにおいてショーペンハウアーの哲学が根底において死の問題に帰着することをわれわれは知るのである。死に対する不安は、一生彼についてまわった。だからこそショーペンハウアーはいっそう生について深く考えたと言えるのではなかろうか。

自殺が意志の否定とあいいれないことははっきりしたが、意志の否定とふつうの死との関係はどうであろうか。意志の否定はひとが死ななくても可能であるが、安らかな死は意志の否定があってはじめて可能となる、これがショーペンハウアーの考えである。

われわれはふだん生に忍びこんだ死の姿を忘れて、あまりにも楽天的に生きてはいないであろうか。ショーペンハウアーの哲学はわれわれにこの点での反省をせまるものである。死は人生において最大の受動的な事件であるから、死を知性の力で納得することは不可能に近い。

ショーペンハウアーが尊敬した古代ローマの哲学者セネカは『人生の短さについて』の中で次のように述べている。「生きることは生涯をかけて学ぶべきことである。そして、おそらくそれ以上に不思議に思われるであろうが、生涯をかけて学ぶべきことは死ぬことである。」またやはり同時代のローマの哲人政治家キケロは、「哲学することは死に備えることにほかならない」と言っている。

逆にこんどはショーペンハウアーを尊敬し彼に心酔したトルストイの作品の中から、ショーペンハウアーの哲学がそのまま小説に翻案されたような、死を主題にした小説をとりあげてみよう。『イワン＝イリイチの死』という小説である。

この小説は、一人の平凡な男の臨終の心理を描いたものである。死の問題はトルストイにとって一切の根本となるべき重大なものであった。些細な事故がきっかけで不治の病にとりつかれた主人公が、長い間の肉体的苦痛と、一生涯苦労して築いてきた快適な生活に対する執着のために、非常な苦悩を味わったのち、ついには人生の自己否定によって救われる。それは特別に崇高な宗教的回心によるものではなく、過去の生活の無意味さや無価値さを悟ることによってなされる。イワン＝イリイチはただ世俗的に過去を振り返り、成功と見えた人生がむなしかったと気づくにすぎないのであるが、そう気がついた瞬間、彼には死が徐々に親しげなものに見え始めるという内容である。

イワン＝イリイチはショーペンハウアーの言う意志の否定をなしとげ、いわゆる諦念の境地に到達したのである。仏教的に言えば、意志の滅却による諦念ということになろう。

ところで諦《あきら》めるというのは、もともと仏教の言葉で明らかにするという意味である。道元の言葉では「生《しょう》をあきらめ死をあきらむるは仏家一大事の因縁なり」という。諦めるというのは、決して断念するという意味ではない。「諦《たい》」というのは真理という意味である。ショーペンハウアーの場合もくしくも同じ意味合いで使われている。

ショーペンハウアーと仏教

こうしてみてくると、ショーペンハウアーが若き日の直観でうちたてた哲学は、多くの点で仏教に非常に近いものであった。「私の哲学の結論を真理の標準とするならば、私は他のすべてのものよりも仏教に優位を認めずにはいられない」と彼が言うのも、もっともなことといえよう。

ただ、ショーペンハウアーは涅槃、般若波羅蜜多などの仏教の重要な言葉を引用しているが、そ

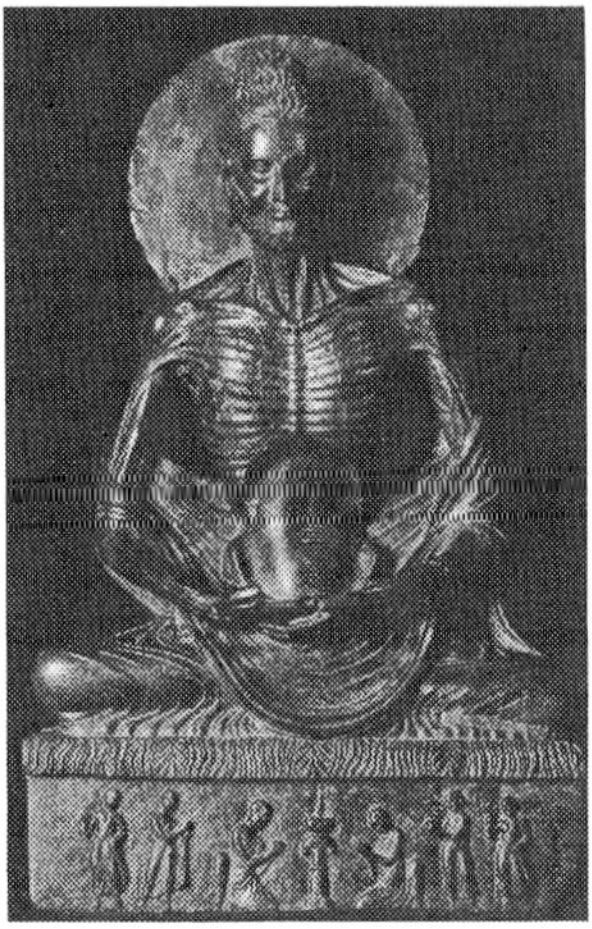

ガンダーラの仏像

れを主体として論述しているのではなく、わずかに注解を加えているにすぎない。彼は前述のように、意志の働きがやめば現象世界も消滅し、その結果主観の形式の下に起こる通常の認識は存在しないから、この点で無であり仏教と同一の結論に達する旨を述べている。

だが彼はそこでも仏教の名をあげているだけで、仏教が無にいたる過程には触れていない。仏教の無は、しかし因縁、縁起の考えに基づくものである。それに仏教は禅に見られるように、ただ単なる理論ではなく、厳しい修行体験を前提としている。仏教が、悟って、解脱して、涅槃にはいることを最終的な目標にしているといっても、結局「悟り」がなんであるかは、悟った人でなければわからないということである。また仏教は縁起の概念を基として空、涅槃仏性にいたったのであり、生への意志という点は別として、やはりショーペンハウアーの無とは違うようである。

この点に関してはさらに今後の研究が待たれる。それは新たな東西の比較思想論への問題提起ともなろう。そしてただ単に仏教との比較というだけでなく、たとえば日本の哲学といわれている西田哲学とショーペンハウアー哲学との比較なども興味あるテーマとなろう。この組み合わせも一見唐突のように見えるが、実際にはそれほど隔たっているわけではない。西田哲学は、ある意味で仏教とくに禅を哲学にしたようなところがあるからである。「絶対矛盾的自己同一」、それから純粋経験とか平常底とか。これは意識以前の段階のそういうものを仏教で説くのと関連する。また禅は「不《ふ》立《りゅう》文字《もんじ》」（文字を立たせず）というように、言葉（理性）の世界ではないから、この点でもショーペンハウアーの意志形而上学に通じるものをもっている。

ショーペンハウアーを生かす道

ショーペンハウアーの先見性　さてわれわれは、一通りショーペンハウアーの思想をたどってきたのであるが、最後にまとめをかねて、それを現実にどのように生かしたらよいかを考えてみよう。つまりプラトン以来続いてきた永遠のテーマ「理論と実践」の問題である。

ショーペンハウアーの哲学は、すべてのものが一つの根底（意志）から発生するという直観をより所とするものであった。ここにはスピノザの汎神論の影響もみられる。だがそれは神の代わりに、意志が神の立場を占めるというものである。世界と意志とは一体である。この世界が意志のたちあらわれたものであるという考えは、われわれに、自分個人（自国）のことばかりではなく、広く世界全体をもながめわたすよう、つまり人類が運命共同体であるという意識にめざめるよう要求する。

ショーペンハウアーの著作が現在、世界の二四か国語にも翻訳され、数多くの読者を獲得しているのも、今日の世界でますます人類の連帯意識が必要とされ、求められていることとも関連しよう。

そしてショーペンハウアーの哲学が、過去の哲学としてではなく、突然未来からわれわれを出迎えにきたように見えるのは、その先見性のためであろう。彼は一九世紀の半ばにあって、すでに今日のもろもろのひずみ、たとえば人間疎外とか環境破壊などを予測し、時代を先取りしていたのである。当時は孤高の思想家であったショーペンハウアーも、今や世界的にむかえられようとしている。

それはまた彼の哲学が、ただ難解な理論をふりまわす種のものではなく、ひろく倫理学として捉えられていることに基づいている。ショーペンハウアーの倫理学はもともと愛の倫理学といわれてきたのであるが、それは共苦を中心とするおおらかな心をもちあわせているからである。

共苦の倫理学と人間愛

すでに見てきたように、ショーペンハウアーによれば、われわれは苦悩の中に投げこまれた存在である。そして人間というものはその結果本来そうあってはならない姿で存在している。だから生にまつわるあらゆる事柄は、苦悩なしには語れない。

この厳しい認識こそ、他方では苦しみをともにする人たちへの思いやりの心をよびおこすのであり、不幸な状態におけるあらゆる存在者（人間ばかりでなく動物も）への連帯意識を形成する。現にこの地球上で飢えや病気に苦しむ発展途上国の子供たち、独裁政権の下で苦しむ国々の人たち、戦乱の中で逃げまどう人々、命からがら祖国をあとにする避難民等々、苦難にあえぐ者は数知れない。だがこれまでのわれわれは、これらの事実を知る機会があっても、その受けとめ方は他人ごとでは

ショーペンハウアー記念碑(右)と台座のスフィンクス拡大図
フランクフルトにあったが，世界大戦で破壊され，スフィンクスは行方不明。

なかったろうか。

ショーペンハウアーの共苦の倫理学は、一人でも多くの人がこれらの問題に目を向け、自分たちの未来に関わる問題として取り組む必要を訴えている。

ショーペンハウアーは何度も「ひとは共苦において愛と正義に達することができる」といっている。しかし共苦は瞬間的一時的な解脱にすぎず、意志の完全な否定によってのみ恒常の解脱は得られるという。

ところで意志の完全な否定によって到達するのは無の境地であった。われわれが聖者でないとしたら、無の世界に入ることは理論上はともかく、実際には困難なことであろう。だが恒常的解脱の前段階としての瞬間的一時的な解脱は、共苦という具体的な行為を通してのものであるから、われわれにもできるはずである。私はショーペンハウアーの思想を現実に生かすきっかけがこの点にあると思う。

思いやりの心、同情、共苦、慈悲、これらはもともと誰の心の中にもあるものである。現実の厳しい世の中では、これらの美徳は軽くあしらわれやすい。だが結局は共に苦しみ助けあって生きていくことこそが、回り道のようでも平和に通じる道であると私は思う。この世が最悪であるからこそ、それだけいっそう共苦の感情がもとめられるのである。ショーペンハウアーのペシミズムの背景には人間の善意を信頼するヒューマニズムが流れていることを忘れてはならない。

次の彼の言葉は、その意味でわれわれに新たな勇気を与えてくれるのではなかろうか。「たいまつの火や花火が、太陽の明るさの前にしぼんで見えなくなってしまうように、人間の善良さ、心の浄《きよ》らかさの前には、理性的精神や、そのうえ天才までも、同様に美しさまでもが、その光沢を失ってしまう。」

人間愛とか博愛心というのもそれは理性のしぐさではなく、人間の善良さ、共苦に基礎をおくものである。イタリア語の「ピエタ」には同情と愛の意味が含まれているし、沖縄の言葉「かなさすん」には同情がもつ意味以上の弱者に対するいとおしみや幼児などをかわいがったり、つつみこんだりするおおらかな愛が含まれているという。

ショーペンハウアーの共苦の思想は何も目新しいものではない。「太陽の下に新しきものなし」と旧約聖書にもあるように、先人たちもすでに同様のことを言っている。「慈悲は正義の支え」というロシアの格言もある。スピノザも「博愛心とは共苦から生じた欲求にほかならない」と述べている。

シェークスピアは『ヴェニスの商人』の中で「慈悲は正義に滋味を与える」と語らせている。慈悲、同情、共苦は自分自身の心の反映でもある。作家の中勘助はこういっている。

「何人に対しても、私が最初にもつのは、同病相憐れむの情である。おんみも人間であるかと。そうしてそれが常に、また最後のものである。」

これからますます人間らしい素朴な感情、他人の痛みを自分の痛みとしてとらえる人情、人間味が必要になってくると思う。

人類の存続と核兵器

さてわれわれにとって共苦の問題とならんで、もう一つの重要な点は人類の種としての存続がショーペンハウアー哲学の基礎になっているということである。意志の現れである人類は、個として死ぬことはあっても、全体として滅びることは許されない。これが彼の意志形而上学の帰結であった。だから生殖が「性愛の形而上学」でも重要な位置を占めたのである。もっともショーペンハウアー自身は子供をつくらなかったのであるが。

地球上に誰か一人でも生き続けることが種の存続には必要なのである。この点に、ショーペンハウアー哲学と平和の問題の結びつく接点がある。われわれは核時代に生きている。原子爆弾の出現などカントやショーペンハウアーの時代には予測もできなかったことである。だから彼らは戦争で人類が死に絶えることなどに思いもおよばなかったことであろう。だが今や世界には全人類を何回も殺戮《さつりく》できるほどの原水爆が貯蔵されているといわれる。

ショーペンハウアーの哲学はまさにこの時にあたって人類の存続を主張するための理論的支柱となりうるものである。

「全体的破滅を避けるという目標は他のあらゆる目標に優位せねばならない」というラッセル・アインシュタイン宣言は、第二次世界大戦後の核軍拡の状況下で生まれたものであるが、この主張はショーペンハウアー哲学の中から導き出すことも可能である。われわれはまたショーペンハウアーの現実直視のペシミズムに学ぶ必要もある。われわれのおかれている状況はきわめて危機的である。このまま核戦争がおこれば、おそらく人類は滅びるであろう。核軍縮、核兵器廃絶は人類生存のための絶対条件である。

ところが政治の世界には「核廃絶は理想だが現実の世界では、米ソ間の核抑止によって平和が保たれている」とする軍事力バランス論がある。核兵器があるから核戦争が起こらないという核抑止論は、自己矛盾を含んだ戦略であり、長期的に安定することは決してない戦略である。核抑止論による軍事力均衡はそのままでは止まらずにかならず軍拡を生んでいく。それなのになぜ核抑止論は多くの人々の気持ちをひきつけるのであろうか。それは核抑止論が彼らの逃避心理に免罪符を与えやすいからである。

結果的に米ソによる「核抑止」の時代が今まで続いてきたため、「われわれは平和の中で暮らしているではないか」と思う。人類の頭上にダモクレスの剣のようにたれさがった原水爆。多くの人はこのことを考えると対象があまりにも巨大なため、これを現代世界が背負いこんだ運命としてあきらめ、できることなら考えないですませたいという心理になる。だから自分は平和の中で暮らしていると自分自身に思いこませようとするのである。

彼らに共通するのはこの「平和」が自分の生きている間は続くであろうと楽観していることである。「地球が全滅するなどという状態はやはりおとずれはしないだろう、実際にやってくるとしても自分たちの死後のことだろう」というわけである。

「共苦による全人類の連帯」

その他たとえ核戦争が起こっても自分だけは生き残れると考える人たちがいる。いや、そういう希望的観測にすがろうとする人たちがいる。これは高をくくったまったく根拠のないオプティミズムである。ショーペンハウアーが生きていたら、この種のオプティミズムは徹底的に攻撃されたことであろう。

ショーペンハウアーのペシミズムの視点から見なくても、現在のわれわれをとりまく核の状況は絶望的である。

またオプティミズムの中でも科学・技術が発達すればするほど、世界はすばらしくなるというバラ色の未来観は、原爆の出現以来とみに色あせたものとなった。だが科学信仰はいまだに根強く、そして哲学はいつも科学との緊張関係においてある。宇宙飛行士が「地球は青かった」と語り、「科学者として飛び立ったが、人間として帰って来た」と言ったとき、そこにはすなおな人間賛歌とともに、同じ地球号の乗組員という連帯意識があった。ショーペンハウアーも「平和は、すべての理性よりも、一段と高いものである」と言っている。これは平和が科学、理性をこえたより高い意識の問題であることを指摘したもので、宇宙飛行士の言葉にも一脈通じるのではなかろうか。

ところが人間が類として生き残るのに必要な連帯意識は大国間の覇権争いのために阻害されており、核軍拡は見えないところでますます進んでいると報告されている。

そして現在の莫大な核貯蔵量の下では、有効な政策がとられない限り、われわれの死は確実なものとなろう。今やわれわれは死刑の判決を下された死刑囚にもたとえることができる。ショーペンハウアーが死について考えたときには、いつ死ぬかは不確実な、いわゆる寿命によって死ぬ自然死についてであった。だが核戦争による死は物理的な死であり、自然死に対して必然的な死となろう。ショーペンハウアーの意志の否定による解脱は、自然死が保証されている状況下ではじめて可能なのである。だからショーペンハウアーの哲学が有効であるためには平和が絶対に必要とされる。だが現実の世界はどうか。原水爆が毎日作られ続けているあいだに、発展途上国では多くの大衆が飢えのために死んでいっている。

するとわれわれは一方には核戦争による人類の滅亡という問題をかかえ、他方には飢餓の問題をかかえていることになる。この二つの問題のあいだに自然破壊、公害などの現代の病弊がよこたわっているとみていい。

私はショーペンハウアー哲学がこの二つの問題にわれわれが対決するときの絶好の規範となることを確信する。「共苦による全人類の連帯」、これこそ私が現代的に解釈したショーペンハウアー哲学の核心である。人間生きてある限り、互いに助け合って生きることといってもよい。

南北問題に象徴されるような、一方に富める国々があり、他方に飢えにおびえているような国々があるような状態では、先進国はその先進性を誇ることは許されない。国際関係が悪い状態にあるなら、その悪さは一国の責任ではなくすべての国々の責任である。すべての国々が共に苦しまなければならない。ショーペンハウアーはわれわれにそう語りかけてくるように思える。

あとがき

私は本書で、一九世紀の思想家ショーペンハウアーの生涯とその学説をたどりながら、今さらながら、彼がわれわれと同時代の哲学者ではないかとの思いにかられた。彼のペシミズムは彼の生前には、真剣に受け取られることが少なく、どちらかと言えば変人の戯言《たわごと》くらいにしかみなされなかった。だが時代は変わった。今や、核戦争の危機が人類の上に重くのしかかっている。何人《なんびと》といえどもこの事実を無視することはできまい。ましてやこれに目を覆って楽天的にふるまうなどということは許されないだろう。だから、現実をくもりのない目で、ありのままに直視するショーペンハウアーのペシミズムの精神はこれからますます有効になると思う。

今年は「ショーペンハウアー協会」がパウル＝ドイセンによって設立されてから、七五年目にあたる。この協会は今もなお国際的哲学団体として「ショーペンハウアー哲学の研究と理解を促進し、助成することを目的」として活躍している。しかし協会の仕事は決してショーペンハウアーだけに限られるのではなく、彼の思想と接点をもつあらゆる哲学的問題をも対象にしている。

このショーペンハウアー協会を約五〇年間にわたり、文字通り守り続けた人がいた。第四代目会

ヒュプシャー博士（1897〜1985）　ショーペンハウアー記念室にて（著者撮影）

長（一九三六〜八二）のアルトゥーア＝ヒュプシャー博士である。現在ドイツで刊行されているショーペンハウアーの全集、遺稿集、書簡集はすべて彼の編集になるものであり、ショーペンハウアーに関する著書、論文の数は枚挙にいとまがない。名前もショーペンハウアーと同じアルトゥーアといい、まさにショーペンハウアー思想の伝道のために生まれてきたような人で、協会のシンボル的存在であった。

外国におけるショーペンハウアー思想の普及のためにも力を尽くされた。そのヒュプシャー博士が、昨年四月に八八歳でこの世を去られた。博士は私のこの小著の完成を心待ちにしてくださったのであるが、間にあわなかった。先生の生前にお渡しできなかったことはまことに残念である。今はただショーペンハウアー協会の一会員として心からご冥福をお祈りしたい。なおこの書で使われているショーペンハウアー関係の写真は先生が快くお貸しくださったものである。ここに改めてお礼を申し上げたい。

本書で私は自分が卒論執筆以来、四半世紀にわたって親しんできたショーペンハウアーの思想を、特に若い読者を念頭において、できるだけわかりやすく叙述したつもりである。だが書き終えてみると難解な部分や、まとまりのない部分、意のつくせなかった不満な箇所も少なくない。これはショーペンハウアーの人柄の単純には割り切れない複雑さとも関係があるといえよう。彼はそのむら気な性格の一切の矛盾と気紛れとを体系のうちにもち込んだ。そのため『意志と表象としての世界』の中にもくり返しや、あっちに行ったり、こっちにとんだりの叙述が目立ち、カントやヘーゲルに見られるような整合性がない。そこで私もこの書の叙述にあたって、あえて整合性を求めなかった。その方がかえってショーペンハウアーの哲学を反映すると思ったからである。

さて一九八八年はショーペンハウアーの生誕二百年目にあたる。ドイツではもろもろの記念行事が今から計画されているが、日本でもこれを機会にショーペンハウアーに対する関心が高まってほしい。私はショーペンハウアー理解の進むことを心から希望したい。そして本書がその一助になれば幸いである。

本書の刊行にあたり、多くの方々のお世話になった。まず本書の執筆をおすすめ下さった小牧治先生に厚くお礼を申し上げたい。また、執筆中、怠惰な私を何度も暖かく励まして下さった清水幸雄氏に感謝申し上げる。最後に編集に際して、たいへんなご尽力を下さった清水書院の徳永隆氏に心からお礼申し上げたい。

一九八六年六月

著　者

ショーペンハウアー年譜

西暦	年齢	年譜	背景となる社会的事件と参考事項
一七八八		2月22日、アルトゥーア＝ショーペンハウアー、ハンザ同盟の自由都市ダンツィヒに生まれる。	バイロン、アイヒェンドルフ生まれる。 アメリカの憲法施行される。 カント『実践理性批判』
九三	5	ダンツィヒがプロイセンに併合されたため、共和主義者の父ハインリヒ＝フローリス＝ショーペンハウアーは妻子を連れて自由都市ハンブルクに移住。	フランスで恐怖政治始まる。
九七	9	妹アデーレ生まれる。アルトゥーア、フランス語習得のため、ルアーヴルの父の友人宅に預けられる。	
九九	11	ハンブルクのルンゲ博士の私塾に通学。	
一八〇三	15	アルトゥーア、ギムナジウムへの進学を希望するが息子を商人にしようとする父の反対にあい、二年にわたるヨーロッパ旅行をという父の提案に従う。 ショーペンハウアー一家、オランダ、イギリス、フランスの各地を旅行。	エマソン生まれる（～八二）。

一八〇四	16	冬の終わりをパリで過ごし、春になって南フランスへ。夏にはスイス滞在。ついでウィーン、ドレスデン、ベルリンを通って、生まれ故郷ダンツィヒに足をのばす。ここで堅信礼を受ける。	ナポレオン一世、帝位につく。カント没（一七二四～）。
〇五	17	一家ハンブルクへ帰る。アルトゥーア、見習いとして「イェニッシュ商会」に入る。	12月、アウステルリッツの戦い。
〇六	18	4月20日、父、突然死去する（一七四七～）。母ヨハナと妹アデーレ、ヴァイマールへ移住。アルトゥーアのみハンブルクの商会に残る。	7月、ライン同盟成立。伊能忠敬、本州の測量終わる。
〇七	19	商会をやめ、6月、ゴータのギムナジウムに入学。その後ヴァイマールのギムナジウムに転校。	
〇八	20	エアフルトを訪問。そこでナポレオンを目撃。	フィヒテ『ドイツ国民に告ぐ』
〇九	21	10月9日、ゲッティンゲン大学医学科に入学。	ヴィルヘルム＝フンボルトによるプロイセンの学制改革始まる。
一〇	22	医学科をやめて哲学科に移る。シュルツェ教授のすすめに従って、カントとプラトンの勉強をする。	ベルリン大学創立。シューマン（～五六）、ショパン（～四九）生まれる。
一一	23	ヴァイマールでヴィーラントに会う。秋にベルリン大学に移る。フィヒテ、シュライエルマッハーの講義を聞く。	

一八一二	24	両教授の講義には不満、古典語学者ヴォルフに傾倒。	ナポレオン、ロシア遠征。
一三	25	戦争の混乱のため、ベルリンでの学業中断。ルードルシュタットに閉じこもって学位論文「充足理由律の四根について」を書きあげ、10月イエナ大学から、博士号を受ける。この頃から、ゲーテと交渉をもつ。マイヤーを通じてインドの哲学を知るようになる。	ヴィーラント没（一七三三〜）。ナポレオンからの諸国民解放戦争、ライプツィヒで始まる。キルケゴール生まれる。
一四	26	5月、ヴァイマールを去って、ドレスデンに移住。「意志と表象としての世界」の構想芽生える。	ナポレオン退位、エルバ島に流される。ウィーン会議。
一五	27	ゲーテとの協同研究「視覚と色彩について」完成。	ビスマルク生まれる（〜九八）。
一六	28	色彩論、ゲーテの讃意を得られないまま刊行する。	
一七	29		ソーロー生まれる（〜六二）。
一八	30	『意志と表象としての世界』刊行（奥付には一八一九）。イタリア旅行。冬はローマで過ごす。	マルクス（〜八三）、ブルクハルト（〜九七）生まれる。ヘーゲル、ベルリン大学教授就任。
一九	31	8月、再びドレスデンに。	小林一茶『おらが春』
二〇	32	ベルリン大学講師の地位を得たが、ヘーゲルの講義時間に合わせたために聴講者なく、失意に陥る。	エンゲルス生まれる（〜九五）。
二一	33	マルケ事件。	ナポレオン没（一七六九〜）。
二二	34	二回目のイタリア旅行。	

一八二三	35	5月までフィレンツェに滞在。帰国後ミュンヘンで約一年間にわたって病に苦しむ。	アメリカ大統領モンロー、モンロー主義を宣言。
二四	36	ジャン＝パウル、美学論の中で『意志と表象としての世界』に言及する。	バイロン没。
二五	37	再びベルリンに戻るが、失意と挫折の日々を送る。	幕府、異国船打払令を出す。
二六	38	冬学期の講義題目一覧表に名前は載ったが、講義はしない。一八三一年の冬学期までこの状態が続く。	
二七	39	アレキサンダー＝フンボルト、シャミッソーを知る。	ベートーヴェン没（一七七〇〜）。
二八	40		トルストイ生まれる（〜一九一〇）。
二九	41	カントの主著の英訳を企画（出版の引き受け手なし）。	ロッシーニ「ヴィルヘルム＝テル」
三〇	42	「視覚と色彩について」のラテン語訳発表。	フランス、七月革命。
三一	43	8月、コレラの感染を恐れてベルリンを去り、フランクフルトに移る。ヘーゲル、コレラのため急逝。	ヨーロッパにコレラ大流行。 ヘーゲル没（一七七〇〜）。
三二	44	7月、試みにマンハイムに移り、一年間滞在。	ゲーテ没（一七四九〜）。
三三	45	6月、フランクフルト-アム-マインに戻り、定住を決意、隠者的生活に入る。	ディルタイ生まれる（〜一九一一）。 安藤広重「東海道五十三次」
三四	46		水野忠邦、老中になる。
三五	47		ドイツ最初の鉄道、ニュルンベルク〜フュルト間開通。
三六	48	『自然における意志について』刊行	天保の大飢饉。

一八三七	49	「ゲーテの記念碑に関する意見書」提出。	ヴィクトリア女王即位する。
三八	50	4月17日、母ヨハナ死去（一七六六〜）。	イギリス、チャーティスト運動。
三九	51	懸賞応募論文「意志の自由について」当選。	蛮社の獄（渡辺崋山、高野長英）。
四〇	52	懸賞応募論文「道徳の基礎について」落選。	アヘン戦争がおこる。
四一	53	『倫理学の二つの根本問題』刊行（二つの懸賞論文を一冊にまとめたもの）。	天保改革始まる。
四二	54	『意志と表象としての世界』の第二部「続編」についての仕事を続ける。	南京条約結ばれる。
四三	55	『意志と表象としての世界』の「続編」完成。	
四四	56	『意志と表象としての世界』第二版と「続編」刊行。	ニーチェ生まれる（〜一九〇〇）。
四五	57	「パルエルガ-ウント-パラリポメナ」書き始める。	ヴァーグナー「タンホイザー」
四六	58	ユリウス＝フラオエンシュテットの訪問を受ける。	アメリカ-メキシコ戦争。
四七	59	『充足理由律の四根について』増補第二版刊行。	
四八	60		フランス、二月革命。ドイツ、三月革命。 マルクス・エンゲルス『共産党宣言』
四九	61	8月25日、妹アデーレ死去する。	ソーロー『国家に対する不服従の義務について』
五〇	62		ホーソン『緋文学』

一八五一	63	『パルエルガ-ウント-パラリポメナ』を刊行。	太平天国の蜂起（～六四）。
五二	64	『パルエルガ』、イギリスでも好評。	ナポレオン三世、即位する。
五三	65		クリミア戦争（ロシア-トルコ）。
五四	66	『自然における意志について』、第二版刊行。	ソーロー『ウォールデン』
		ヴァーグナーから、「ニーベルンゲンの指環」を献辞付きで贈呈される。	日米和親条約締結。下田、箱館の開港を約束する。
		グヴィナーとの交友関係始まる。	
五五	67		キルケゴール没。
五六	68	ライプツィヒ大学、「ショーペンハウアー哲学の解説および批判」という課題で懸賞論文を募集。	米国総領事ハリス、下田に着任。
五七	69	ショーペンハウアーについての講義、ボン大学とブレスラウ大学で行われる。	アイヒェンドルフ没。
		詩人ヘッベルが訪問。	
五八	70	2月22日、満七〇歳の誕生日を迎える。	安政の大獄。
五九	71	『意志と表象としての世界』第三版刊行される。	ダーウィン『種の起源』
		エリザベート=ネイによる胸像完成。	
六〇	72	9月9日、肺炎おこす。	イタリア統一戦争。
		9月18日、グヴィナーと最後の対話。	リンカーン、アメリカ大統領に当選。
		9月21日、永眠。9月26日、フランクフルトの中央墓地に埋葬される。	桜田門外の変。

参考文献

『ショーペンハウアー全集』（全一四巻、別巻一）——白水社　一九七二〜七五

　この全集の刊行によって、日本の読者もショーペンハウアーの全著作に日本語で触れることが可能になった。ショーペンハウアーの個々の著作は、すでに世界24ヵ国語に翻訳されているが、全集があるのはドイツ本国以外では日本だけである。

　この全集の別巻『ショーペンハウアー　生涯と思想』には、有名なショーペンハウアー学徒たちによるショーペンハウアー論の邦訳が収められているので次に掲げておく。

　ヒュプシャー「ショーペンハウアー」　金森誠也訳
　ヴァーグナー「ショーペンハウアー讃」　金森誠也訳
　ニーチェ「教育者としてのショーペンハウアー」　金森誠也訳
　トーマス＝マン「ショーペンハウアー」　前田敬作訳
　ホルクハイマー「ショーペンハウアーの現代的意義」　徳永恂訳
　グヴィナー「身近に接したショーペンハウアー」　斎藤忍随・兵頭高夫訳

　なお、同別巻には茅野良男「日本におけるショーペンハウアー」という詳細な受容史も載っている。

『ショーペンハウアー——意志と表象としての世界』（世界の名著45）　西尾幹二編訳——中央公論社　一九八〇

『ショーペンハウエルとニーチェ』（岩波文庫）　ジンメル　藤野渉訳——岩波書店　一九四二

『ショーペンハウエルの対話』（アテネ文庫） 相原信作編 ―― 弘文堂 一九五二

『自殺について』（岩波文庫） ショーペンハウエル 斎藤信治訳 ―― 岩波書店 一九五二

『ショーペンハウエル』（創元文庫） デューラント 石井正訳 ―― 創元社 一九五三

『幸福について』（角川文庫） ショーペンハウエル 石井正・石井立訳 ―― 角川書店 一九五四

『哲学入門』（角川文庫） ショーペンハウエル 石井正訳 ―― 角川書店 一九五四

『幸福について』（新潮文庫） ショーペンハウアー 橋本文夫訳 ―― 新潮社 一九五八

『読書について』（岩波文庫） ショーペンハウエル 斎藤忍随訳 ―― 岩波書店 一九六〇

『知性について』（岩波文庫） ショーペンハウエル 細谷貞雄訳 ―― 岩波書店 一九六一

『存在と苦悩』 ショーペンハウアー 金森誠也訳 ―― 白水社 一九七五

『孤独と人生』 ショーペンハウアー 金森誠也訳 ―― 白水社 一九七九

『ショーペンハウアー』 アーベントロート 伴一憲訳 ―― 理想社 一九八三

この他、邦訳の出ていない書簡集・遺稿集がある。また内外の膨大な数にのぼる解説書、研究論文などについては、アルトゥーア＝ヒュプシャー編『ショーペンハウアー 文献目録』が、簡潔な解説つきで読者の便宜をはかっている。

Hübscher, Arthur: *Schopenhauer-Bibliographie*, Stuttgart-Bad Cannstatt, Fromann Holzboog. 331 S.

『ショーペンハウアー年報』（一九一二年以来発刊）（Das Schopenhauer-Jahrbuch）も毎年その年度に出たショーペンハウアー関係文献目録を掲載している。

さくいん

【人名】

【事　項】

ショーペンハウアー■人と思想77　定価はスリップに表示

1986年 8 月30日　第 1 刷発行©
2014年 9 月10日　新装版第 1 刷発行©
2021年10月10日　新装版第 3 刷発行

・著　者 ……………………………… 遠山《とおやま》　義孝《よしたか》
・発行者 ……………………………… 野村　久一郎
・印刷所 ……………………………… 大日本印刷株式会社
・発行所 ……………………………… 株式会社　清水書院

〒102-0072　東京都千代田区飯田橋3-11-6
Tel・03(5213)7151～7
振替口座・00130-3-5283
http://www.shimizushoin.co.jp

検印省略
落丁本・乱丁本は
おとりかえします。

CenturyBooks

Printed in Japan
ISBN978-4-389-42077-2

清水書院の〝センチュリーブックス〟発刊のことば

近年の科学技術の発達は、まことに目覚ましいものがあります。月世界への旅行も、近い将来のこととして、夢ではなくなりました。しかし、一方、人間性は疎外され、文化も、商品化されようとしていることも、否定できません。

いま、人間性の回復をはかり、先人の遺した偉大な文化を継承して、高貴な精神の城を守り、明日への創造に資することは、今世紀に生きる私たちの、重大な責務であると信じます。

私たちがここに、「センチュリーブックス」を刊行いたしますのは、人間形成期にある学生・生徒の諸君、職場にある若い世代に精神の糧を提供し、この責任の一端を果たしたいためであります。

ここに読者諸氏の豊かな人間性を讃えつつご愛読を願います。

一九六六年